개정

정의로운 국가란 무엇인가

민주주의정책학과 성찰적 국정관리

권기헌 저

박영사

저자서문: 국가의 완성과 깨어있는 국가

국가의 완성이란 무엇인가? 정의롭고 도덕적인 국가란 무엇인가? 그리고 이러한 국가를 실현하기 위해 깨어있는 국가란 어떤 것일까?

"월가街를 점령하라!Occupy Wall Street" 지난 달 17일 뉴욕 맨해튼에서 시작된 미국 젊은이들의 점거 시위는 보스턴, 로스앤젤레스, 워싱턴 등 다른 도시로, 또 다른 국가로 "들불처럼" 번지고 있다. 상위 1%의 탐욕에 맞서 99%를 위한 정의를 외친다. 금융자본의 탐욕과 부패를 규탄하는 이들의 비탄悲嘆과 절규絶叫의 목소리가 비수ヒ首처럼 자본주의 심장에 꽂히고 있다. 2008년 글로벌 금융위기의 주범이었던 금융회사들이 천문학적 규모의 공적자금 덕분에 여전히 막대한 수익을 올리면서 수천만 달러 연봉과 성과급으로 '월가 탐욕잔치'를 벌이고 있는 부조리한 현실에 대한 분노가 미국 젊은이들을 거리로 내몰고 있는 것이다. 월가로 상징되는 금융세계화에 대한 분노이지만 결국은 양극화와 불공정 심화에 대한 항의다. 미美國 청년들의 시위 사태는 부

자들이 공생共生의 정신을 발휘하지 않고, 정치권이 각성하지 않는다면 자본주의가 심각한 위기를 맞을 수 있다는 경고음인 것이다.

우리나라도 예외가 아니다. 서울광장 일대에선 "Occupy 서울" 집회가 열리는가 하면, 1%의 탐욕과 빈익빈 부익부貧益貧 富益富의 불평등을 참다못한 99%의 항의 목소리가 점점 더 커지고 있다. 취업을 얻지 못한 청춘, 비정규직들의 고뇌, "아픈 청춘"들의 고충과 한탄의 목소리가 대한민국의 미래를 암울하게 만들고 있다. 청년 실업과 고학력·저임금에 대한 젊은 층의 불만, 학위와 스펙을 갖추고도 취업을 못한 젊은이들이 느끼는 박탈감과 좌절감은 위험 수위에 이르고 있다.

그런 와중에서도 부산 저축은행 사태로 보여준 금융권과 금융당국의 총체적 도덕적 해이解弛에 이어 최근 또 다시 금융회사들불과 몇 년 전 천문학적 국민세금과 정부의 공적자금으로 회생한 금융회사들의 보너스·배당잔치가 국민들의 눈총을 받는가 하면, 청와대 비리사건에 이어 대통령의 내곡동 사저私邸논란, 대통령 측근側近 비리 등 국가 지도층들의 덕성德性스럽지 못한 처신이 국민들의 비난을 받고 있다. 국내외적 경제위기, 재정압박과 함께 청년실업, 비정규직 문제, 양극화 등으로 서민경제는 점점 더 어려워지는 가운데 이와 대조對照적으로 터져 나오는 사회지도층들의 도덕성 문제noblesse oblige와 부덕不德한 행위들, 본서本書는 이 모든 문제의 공통인자를 정신적 자본, 도덕과 덕성의 결여로 보았다.

우리는 어떤 사회를 꿈꾸는가? 우린 어떤 사회를 지향하는가?

미래사회는 우리에게 희망을 주는 사회가 될 것인가? 산업혁명과 정보혁명 이후 진행되고 있는 '근대성'과 '현대성'은 희망을 주고 있는가? 이들이 가져다준 현대문명, 즉 첨단 과학기술과 첨단 정보기술의 발달이 가져다주는 '허와 실'은 무엇인가? 우리는 어떤 미래를 지향할 것인가? '또 다른 미래'Another Future를 지향할 수 있을까?

우리는 사회 속의 구성원들 개개인의 자유와 창의, 인권과 존엄, 정의와 형평이 살아있는 사회를 꿈꾼다. 개인과 집단들 간의 진정한 신뢰와 등권을 전제로 개인의 자유와 주체성, 자아실현과 자아완성의 가능성이 살아있는 '열린' 사회를 꿈꾼다. 이는 가능한 일일까?

근대 이후 많은 계몽주의 철학자들은 자유, 평등, 박애, 평화가 이루어지는 사회를 꿈꾸어 왔다. 이러한 사회는 사회 속의 구성원인 개인과 집단 간의 신뢰와 등권을 전제로 개인의 인권, 정의, 존엄, 그리고 자아실현과 자아완성의 가능성이 살아있는 '열린' 사회를 의미한다. 그러나 대량생산-대량소비-표준화를 사회적 구성원리로 하는 산업사회적 패러다임이나 지나친 세계화와 경쟁구도 속의 신자유주의적 패러다임은 사회구성 주체들의

'자유'와 '주체성' 그리고 '창의'를 질식시키고 있다.

우리는 어떤 사회를 꿈꾸는가? 그리고 우리는 어떤 사회를 지향하는가? 그리고 이러한 사회를 실현하기 위해 우리는 무엇을 먼저 해야 할 것인가?

미래사회는 우리에게 희망을 주는 사회가 될 것인가?

본서는 이러한 질문들을 필두로 국가의 완성이란 무엇인가, 정의롭고 올바른 국가란 무엇인가, 바람직한 국가의 이상과 목적을 실현하기 위해 깨어있는 국가와 성찰하는 사회는 무엇인가에 대해서 고민하고 사유한다. 그리하여 거버넌스 공동체에서 필요한 성찰적 국정관리를 도출하며, 민주주의 정책학의 완성을 위한 정책학적 조건들과 내용적 요인들에 대해 탐구해 보았다.

따라서 이 책은 미래의 바람직한 국가상에 대해 고민하면서 정의로운 국가란 무엇인가, 올바른 국가란 무엇인가에 대해서 고민하고 탐구하는, 그리하여 인문학적 사유와 사회과학적 정책학을 접목해보려는 하나의 학술적 시도라고 하겠다. 또한 바람직한 국가의 목적론이 현대행정이론과 민주주의 정책학에 어떻게 접목될 수 있는지에 대해 고민하였다.

거버넌스 '제도'를 이야기하면서 성찰하는 '마음'의 문제를 접목시켜보고자 하였다. '제도'와 '절차'로서의 민주주의를 넘어선 '배려'와 '소통'의 민주주의를 논의하였다. 그리하여 사회과학의 분석적 변수로서는 다소 생경할 수 있는 '마음'과 '심리', '성찰'과

'수용'의 문제를 '협력하는 마음', '배려하는 마음', '문화인자' 등으로 가시화하고, 이를 거버넌스 공동체에서 성공/실패분석의 변수로 삼을 것을 제안하였다. 특히 성찰적 공동체의 성공요인을 1) 정책대상집단의 수요에 기반을 둔 정책설계, 2) 정책동기의 공익성과 소외집단에 대한 소통과 배려, 3) 정책대상집단의 자각적 시민의식의 성숙과 민주적 정책네트워크에 대한 참여 여부 등으로 분석할 것을 제안하였다.

하지만 아직 시론적 단계에 불과하다. 현대행정학과 미래지향적 국정관리, 현대정책학과 민주주의 정책학을 연구하는 학자, 관료 혹은 학생들의 많은 관심과 지도를 기대하고자 한다.

개정판을 내면서 몇 가지 논리를 보완하고 서술을 보강하고자 하였다. 먼저, 제7장 무엇을 성찰할 것인가에서 개인적 차원의 지와 덕을 증진시키는 방안에 대해서 보완하였다. 도덕과 덕행의 개념을 살펴보고 도덕과 덕행을 증진시키는 방안에 대해서 보강하였다. 둘째, 제9장 정책학에 있어서의 성찰성 부분을 보강하였다. 기존에 논의한 정책학의 이상에 이어 정책의 품격, 정책의 품격과 좋은 정책, 한국 정책학의 시대정신, 국가의 도덕과 품격, 도덕과 품격의 리더십 등을 보완하였다. 셋째, 덧붙이는 장을 추가하여 성찰적 국정관리의 유형별 탐색을 시도하였다. 성찰성의 개념, 성찰성 증진의 유형별 탐색, 실패유형과 갈등쟁점 등을 보완하였다. 마지막으로, 책 전반에 걸쳐 사례들을 보강하였다. 2011년 2학기 성균관대학교 국정관리대학원과 행정학과에서는 정책분석론과 정의로운 국가를 강의하면서 수업시간에 정책사례들을 토의하였다. 대학원생과 학부생들의 잘된 사례들을 선별, 재정리하여 부록에 소개하였다.

아울러, 이 책에서 사용된 자료나 그림 그리고 책의 논리 전개에 많은 도움을 준 성균관대학교의 이종구, 김태진, 이현철, 이동규, 서인석, 하민지, 주희진, 조일형, 임다희, 김정훈 선생, 그리고 이미애, 최현정, 박연준, 이정희 양에게 감사를 드린다. 또한, 이 책의 출판을 흔쾌히 허락하고 진행시켜주신 박영사 안종만 회장님과 좋은 편집을 위해 애써주신 편집부에도 감사의 마음을 전한다. 마지막으로 언제나 변함없는 애정으로 나를 도와 준 아내와 가족들에게 사랑과 고마움을 전한다.

2012년
성균관대학교 국정관리대학원 연구실에서
권 기 헌

차례

저자서문 _ 1

제1장 깨어있는 국가, 성찰하는 사회

1. 프롤로그 _ 14
2. 사례 하나: 빈 라덴 사살, 정의가 실현되었다? _ 16
3. 사례 둘: 우리나라 금융권의 도덕적 해이 _ 17
4. 사례 셋: 양극화와 중산층의 붕괴 _ 18
5. 깨어있는 국가, 성찰하는 사회 _ 18
◆ 금융권의 도덕적 해이, 저축은행 사태와 서민 저축보호 문제 _ 21

제2장 정의로운 국가란 무엇인가

1. 플라톤의 정의로운 국가 _ 26
2. 매슬로의 '국가의 완성' _ 27
3. 하버마스의 '근대성: 미완의 기획' _ 30
4. 라스웰의 인간의 존엄성 _ 32
5. 정책학 이념으로서의 성찰성 _ 33
6. 국가의 완성과 정의로운 국가 _ 34
7. 인류 역사의 흐름과 문명의 패러다임 _ 36

제3장 역사의 흐름과 문명의 패러다임

1. 인류 역사는 '생각' 진보의 역사이다 _ 40
2. 문명의 패러다임 _ 43
3. 관계를 성찰하는 것이 중요해진 사회 _ 47

제4장 성찰적 근대성과 성찰사회

1. 우리가 지향하는 사회는 어떤 사회인가 _ 52
2. 성찰적 근대성 _ 53
3. 근대성: 미완의 기획 _ 55
4. 공화정 민주주의와 숙의 민주주의 _ 57
5. UNDP의 성찰적 거버넌스 모형 _ 60
6. 미래사회와 성찰적 공동체 _ 63

제5장 성찰하는 마음과 공동체 정신

1. 성찰사회란 무엇인가? _ 68
2. 성찰사회와 이(理) _ 71
3. 성찰사회와 심(心) _ 72
4. '구하는' 마음과 '비추는' 마음 _ 73
5. '비추는' 마음과 '성찰적' 국정관리 _ 75
6. 성찰하는 마음과 공동체 정신 _ 76
◆ 광우병 쇠고기 파동 사례와 성찰적 정책모형 _ 79

제6장 정의, 성찰적 공동체, 그리고 거버넌스

1. 존 롤스의 정의론 _ 86
2. 마이클 샌델의 정의란 무엇인가 _ 89
3. 자본주의 4.0과 성찰적 자본주의 공동체 _ 94
◆ 자본주의 4.0 _ 95
4. 시민주의 공동체 모형과 성찰적 공동체 모형 _ 97
5. 성찰적 공동체의 거버넌스: 성찰성을 어떻게 증진시킬 것인가 _ 100
6. 성찰적 공동체의 거버넌스: 보건의료 거버넌스 사례 _ 102
◆ 성찰적 공동체의 거버넌스 사례: 건강보험개혁을 위한
   보건의료미래위원회 _ 103

제7장 무엇을 성찰할 것인가: 성찰공동체의 내용으로서의 지(智)와 덕(德)

1. 성찰사회의 내용으로서의 智와 德: 개인적 차원 _ 108
◆ 덕德이 있는 지도자, 다산茶山 정약용 _ 121
2. 성찰사회의 내용으로서의 智와 德: 공동체 차원 _ 123
◆ 개인주의적 경쟁과 성찰하는 공동체 _ 126

제8장 국정관리에 있어서의 성찰성: 현대행정학과 성찰적 국정관리

1. 행정이론의 두 축, 민주성과 효율성 _ 133
◆ 의연한 民, 한심한 官 _ 135
2. 현대행정학과 성찰성 _ 135
3. 본질적 질문으로서의 성찰성 _ 137
◆ 현대행정학의 본질적 질문 _ 139
4. 미래의 바람직한 정부상 _ 141

◆ 미래의 바람직한 정부상 _ 142

5. 미래지향적 국정관리 _ 143

◆ 미래지향적 국정관리모형 _ 145

제9장　정책학에 있어서의 성찰성: 민주주의 정책학과 인간의 존엄성

1. 정책학의 이상理想 _ 150

2. 정책의 품격品格 _ 156

3. 정책의 품격과 좋은 정책: 좋은 정책이란 무엇인가 _ 157

4. 한국 정책학의 시대정신은 무엇인가 _ 158

◆ 청년실업과 대졸실업 그리고 정의로운 국가 _ 163

5. 국가의 위기 _ 167

6. 국가의 도덕과 품격 _ 167

7. 국정지도자의 자질: 좋은 리더란 무엇인가 _ 168

8. 도덕과 품격의 리더십 _ 169

◆ 변화變化와 포용包容의 힘, 넬슨 만델라 _ 170

◆ 진정한 내면의 힘, 도덕과 품격의 리더 _ 172

제10장　성찰적 국정관리와 민주주의 정책학의 완성

1. 성찰사회의 핵심은 '智德' _ 176

2. 성찰적 국정관리의 핵심은 사회의 '智德'을 증장시키는 것 _ 177

3. 효율성, 민주성과는 다르다 _ 178

4. 선진사회가 되기 위해선 또 다른 한 차례 '성숙'이 요구 _ 178

5. 진정한 참회, 반성, 각성을 통한 상승이 필요 _ 179

6. 민주주의 정책학과 성찰사회의 실현 _ 179

◆ 실패의 반조返照, 시화호의 성공 사례 _ 180

제11장 요약 및 결론

1. 주장과 논점 _ 187
2. 에필로그 _ 196

제12장 성찰적 국정관리의 유형별 탐색: 성찰성을 증진하는 국정관리

1. 성찰성의 개념 _ 203
2. 성찰성의 증진: 유형별 탐색 _ 203
◆ 무책임한 정부, 우면산 산사태 _ 206
◆ 정부협력의 실패, 대한민국 정전대란 _ 209
◆ 부안 핵 방폐장의 반면교사反面教師, 경주의 성공사례 _ 213
◆ 국정신뢰의 위기, 동남권 신공항 공약 백지화 _ 217
◆ 국가이익과 지역주장의 충돌, 제주 해군기지 건설 _ 220
◆ 보편적 복지 vs. 맞춤형 복지, 무상급식 문제 _ 227
◆ 신자유주의 경제성장 vs. 사회적 약자 보호, 1대 99의 시대 _ 230
◆ 바이오산업 육성 vs. 생명 존엄성, 정부의 줄기세포 지원 정책 _ 234
◆ 인터넷 공간에서의 자율성 vs. 책임성, 인터넷 실명제 _ 237
◆ 국내산업의 경쟁력 보호 vs. 인간의 존엄성, 외국인
    노동자 인권 침해 논란 _ 240
3. 요약 및 결론 _ 243

전체개요 _ 247
참고문헌 _ 249
미　　주 _ 255
찾아보기 _ 271

01

깨어있는 국가, 성찰하는 사회

1_ 프롤로그

2_ 사례 하나: 빈 라덴 사살, 정의가 실현되었다?

3_ 사례 둘: 최근 우리나라 금융권의 도덕적 해이

4_ 사례 셋: 양극화와 중산층의 붕괴

5_ 깨어있는 국가, 성찰하는 사회

깨어있는 국가,
성찰하는 사회

1. 프롤로그

"월가街를 점령하라!(Occupy Wall Street)" 지난 해 뉴욕 맨해튼
에서 시작된 미국 젊은이들의 점거 시위는 보스턴, 로스앤젤레
스, 워싱턴 등 다른 도시로, 또 다른 국가로 "들불처럼" 번졌었
다. 상위 1%의 탐욕에 맞서 99%를 위한 정의를 외친다. 금융자
본의 탐욕과 부패를 규탄하는 이들의 비탄悲嘆과 절규絕叫의 목

소리가 비수匕首처럼 자본주의 심장에 꽂힌 것이다.

우리나라도 예외가 아니다. 일자리를 얻지 못한 청춘, 비정규직들의 고뇌, "아픈 청춘"들의 고충과 한탄의 목소리가 대한민국의 미래를 암울하게 만들고 있다.

우린 어떤 사회를 꿈꾸는가? 우린 어떤 사회를 지향하는가?

우린 사회 속의 구성원들 개인의 자유와 창의, 인권과 존엄, 정의와 형평이 살아있는 사회를 꿈꾼다. 개인과 집단들 간의 진정한 신뢰와 등권을 전제로 개인의 자유와 주체성, 자아실현과 자아완성의 가능성이 살아있는 '열린' 사회를 꿈꾼다. 이는 가능한 일일까?

근대 이후 많은 계몽주의 철학자들은 자유, 평등, 박애, 평화가 이루어지는 사회를 꿈꾸어 왔다. 이러한 사회는 사회 속의 구성원인 개인과 집단 간의 신뢰와 등권을 전제로 개인의 인권, 정의, 존엄, 그리고 자아실현과 자아완성의 가능성이 살아있는 '열린' 사회를 의미한다. 그러나 대량생산-대량소비-표준화를 사회적 구성원리로 하는 산업사회적 패러다임이나 지나친 세계화와 경쟁구도 속의 신자유주의적 패러다임은 사회구성 주체들의 '자유'와 '주체성' 그리고 '창의'를 질식시키고 있다.

미래사회는 우리에게 희망을 주는 사회가 될 것인가? 산업혁명과 정보혁명 이후 진행되고 있는 '근대성'과 '현대성'은 희망을 주고 있는가? 이들이 가져다준 현대문명, 즉 첨단 과학기술과 첨단 정보기술의 발달이 가져다주는 '허와 실'은 무엇인가? 우린 어떤 미래를 지향할 것인가? '또 다른 미래'Another Future를 지향할 수 있을까?

2. 사례 하나: 빈 라덴 사살, 정의가 실현되었다?

미국은 오사마 빈 라덴을 제거하려는 특수작전을 통해 알 카에다의 최고지도자인 빈 라덴을 사살射殺하는 데 성공했다고 발표하였다. 그러면서 오바마 미국 대통령은 '정의가 실현되었다'Justice has been done고 하였다. 힐러리 국무장관은 우리는 이제 좀 더 안전하고 정의로운 사회에 살 수 있게 되었다고 하였다. 과연 정의는 실현되었고, 그 결과로서 우린 좀 더 안전하고 민주적인 사회에 살 수 있게 되었을까?

혹시 빈 라덴의 죽음은 앞으로 더 큰 비극과 참사를 불러오고 그로 인해 우리는 국지적인 불안과 불행에 보다 직면하게 되는 것은 아닐까? 아니나 다를까, 알 카에다를 위시한 이슬람 근본주의단체들은 핵 참사를 포함한 더 큰 보복으로 응징할 것이라고 발표했다. 빈 라덴의 죽음은 앞으로 제2의 빈 라덴, 제3의 빈 라덴의 출현을 보게 될 것이라는 것이다.

하버드 대학의 사뮤엘 헌팅톤 교수는 《문명의 충돌》에서 기독교 문명과 이슬람 문명의 충돌을 예견한 바 있다. 기독교 대

이슬람. 우린 아직 이러한 양극단의 이분법을 넘어설 순 없는 것일까? 우리 인류는 그동안 수많은 투쟁과 평화의 역사를 거치면서 많은 역사적 교훈을 학습해 왔다. 그런데, 아직도 우리의 수준은 양극단의 대립과 충돌에 머물러야만 하는 것일까? 이를 성찰하고 넘어서는 방법은 없는 것일까?

3. 사례 둘: 우리나라 금융권의 도덕적 해이

우리나라에서는 부산저축은행을 비롯한 부실 저축은행들이 영업정지 전날 영업시간 마감 이후에 대주주, 임직원과 그 친척, VIP 고객 등의 예금에 대해서만 수천억 원대의 특혜인출을 해 주었다는 사실이 드러나 충격을 주었다. 또한 저축은행 불법대출 및 특혜인출 사건과 관련해 금융감독원 수석검사역3급이 수천억 원대의 자산건전성 부당 분류를 적발하지 않고 부실검사를 한 것으로 드러나는 등 우리나라의 금융 관련 도덕적 해이 moral hazard는 상식적 수준을 넘어서고 있다. 결국 한푼 두푼 모아 노후자금을 넣어둔 서민들만 저축은행 부실로 인한 피해를 입게 되어, 우리 사회가 '공정한 사회'인지에 대한 허탈감과 분노가 일어나게 하였다. 또한, 대주주, 경영진, 금융감독당국, 거액 예금주들이 서로 담합하여 도덕적 해이가 극심해진 모습은 1997년 IMF 위기 직전의 상황과도 매우 닮은 모습이다.

4. 사례 셋: 양극화와 중산층의 붕괴

이와 함께 최근에는 빈부격차, 비정규직 확산, 어려워지는 서민경제 등으로 우리 사회의 양극화 현상이 더 극심해지고 있다. 상위 20%가 80% 이상의 부富를 축적하고 있다는 20 : 80의 법칙, 지난해 대졸실업은 34만여 명에 달해 2000년 이후 최고치를 경신하였으며, 올해 4년제 대졸 실업률은 35%로 예측되는 등 날로 심각해져가는 청년실업의 문제. 그리고 신자유주의 확산으로 비정규직이 되어 저임금을 받고 사는 세대를 빗댄 88만원 세대와 '아파도 너무 아픈' 청춘의 세대 등 20대의 비애悲哀가 회자되고 있다.

과연 우리 사회의 공동체로서의 덕성德性은 어느 정도 수준인가. 혹시 우린 그동안 공동체의 아픔 혹은 배려는 뒤로 미룬 채 단순히 물질적으로 '구하는 삶'과 '경쟁하는 삶'에 지나치게 치중한 것은 아닐까?

5. 깨어있는 국가, 성찰하는 사회

플라톤은 성숙한 공동체의 조건으로서 지덕체智德體를 들었다. 이를 위해서는 개인도 지덕체를 강화해야 하며, 국가정부도 동시에 지덕체를 강화해야 한다고 보았다. 즉, 통치자 계급, 수호자 계급, 생산자 계급이 이성logistikon, 용기thymos, 욕망epithymetikon 의 관점에서 그 역할과 기능을 탁월하게 발휘하면서, 조화를 이루는 국가가 정의로운 국가라고 보았으며, 지덕체의 조화가 극점에 이른 사회를 국가의 완성으로 보았다. 또한 이를 위해 개인과 공동체 차원에서 지혜, 덕성, 체력의 강화가 필요하다고 보았다.

국가의 완성이라는 지향점을 지, 덕, 체로 놓고 보았을 때, 위에서 살펴본 몇 가지 사례들은 우리 사회국가 혹은 인류의 관점에서의 덕德의 수준이 지智와 체體에 비해 상대적으로 취약한 구조임을 말해주고 있다. 전자정부나 지식정부 혹은 효율적인 정책결정을 통해 국가의 지智를 강화시키고 이를 통해 세계시장에서 경쟁하며 부富를 축적해 나가는 노력은 그간 상대적으로 집중적인 조명을 받아왔다. 물론 앞으로도 그리해야 할 것이다. 또한 천안함이나 연평도 사태 등에서 보듯이 우리나라에서 국방이나 안보의 취약점을 보완하려는 노력은 수월하게 국민의 지지와 합의에 이른다. 물론 올림픽이나 월드컵에서 보듯이 세계무대에 나가 경쟁하는 우리나라 스포츠 분야나 국민 체육시설의 강화역시 쉽게 합의에 이르고 발전하는 분야이다.

문제는 사회공동체의 덕德이다. 이는 쉽게 눈에 보이지도 않으며, 단시간에 가시적으로 나타나지도 않는 미묘한 이슈이다.

하지만 공동체의 덕德이 약한 사회는 머지않아 무너진다. 건강한 구조가 아니기 때문이다. 로마의 멸망에서 우린 그 단적인 예를 보았다. 성과 도덕이 무너진 사회, 공정이 무너진 사회, 패권만이 난무한 사회, 폼페이 최후의 날에서 우린 이를 목격하였다. 공동체의 덕은 최근 사회과학에서도 사회적 자본social capital이라는 개념으로 강조되고 있다. 하버드 대학의 조셉 나이J. Nye 교수는 국가의 흥망을 좌우하는 요소로서 경성권력hard power 이외에 연성권력soft power으로서의 신뢰, 도덕, 권력의 분권, 제도적 장치를 강조하는 등 공동체의 덕德을 사회공동체의 건강지표로 삼았다.

본서에서는 국가의 목표를 지덕체의 완성으로 놓고, 이를 위해 우리 사회에 부족한 부분을 끊임없는 성찰을 통해 보완해 나가려는 국가모형을 '깨어있는 국가, 성찰하는 사회'로 보았다. 사회공동체의 붕괴라는 절망적 표현이 실감날 정도로 사회의 양극화와 중산층의 붕괴가 진행되고 있는 현 시점에서, 국가는 지智와 제體 못지않게 덕德이 강화를 통한 국가의 신뢰와 정의 혹은 품격의 문제에 보다 많은 주의를 기울일 필요가 있을 것이다.

금융권의 도덕적 해이,
저축은행 사태와 서민 저축보호 문제

1. 개 요

크고 작은 저축은행들이 줄줄이 영업정지되면서 저축은행에 대한 우려와 관심이 커지고 있다. 2011년 1월 삼화저축은행의 영업정지를 시발로 해서 부산, 대전 등 7개 저축은행이 영업정지를 당하게 되었다. 9월엔 업계 2, 3위인 토마토, 제일 저축은행 등이 영업정지를 당하면서 저축은행 부실원인과 그 근본적 대책이 초미의 관심사로 떠오르게 되었다.

2. 쟁 점

(1) 부정부패와 도덕적 해이

영업정지를 받은 은행들은 부동산 프로젝트를 담보로 하는 프로젝트 파이낸싱PF: Project Financing대출에 거액을 무분별하게 불법대출해 준 것으로 드러났다. 대주주의 부실도 한몫했으며 분식粉飾회계를 통해 이를 숨겼다. 이와 함께 감독당국과의 유착 등의 문제가 발생하였다. 저축은행을 감시해야 할 금융감독원이 금융 최고기관이라는 자만으로 도덕적 해이에 빠지고 부조리한 감사를 통해 금융기관과 유착하여 비리를 저지른 것이다.

(2) 사회적 약자의 보호

저축은행은 국민대중의 비교적 영세한 저축성 예금을 흡수하는 금융기관으로서 예금자의 대부분은 서민들이다.

(3) 정책의 절차적 타당성

저축은행의 부실화에 대한 우려가 증폭됨에 따라 부실 저축은행에 대한 영업정지 등의 조치가 실시되었지만, 이는 서민들과 은행에 구조조정에 대한 대책을 세울 여유나 시간을 충분히 주지 않고 진행된 것이어서 그 절차적 타당성이 쟁점이 되고 있다. 또한 후순위 채권자들과 5,000만 원 이상의 예금자에 대한 배려 없이 진행된 것이어서 예금한 서민이나 후순위 채권에 투자한 고객들은 큰 피해를 입게 되었다.

3. 시사점/생각해 볼 문제

저축은행 사태는 금융권의 심각한 도덕적 해이와 정부 당국의 낮은 책임성 수준을 단적으로 보여준다. 무엇보다도, 이번 저축은행 부실사태와 그 구조조정 과정을 통해 과연 정의롭고 올바른 국가의 모습이 무엇인가에 대한 물음을 제기한다. 국가의 정책이 국민에 대한 영향력을 고려할 때 정책담당자들의 책임감은 막중하나. 이번 저축은행 부실사태를 보면서 정책담당자들의 책임은 어디에서 찾을 수 있는지 다시 한 번 생각해 보게 한다.

국가 경제의 효율성을 위해 저축은행의 역할을 지나치게 강조하지는 않았는지? 민주적 정당성을 확보하기 위해 국회의 합법적 입법절차를 거쳐 규제를 완화했다곤 하지만, 민주적 절차적 정당성만으로 국가는 최종적인 역할을 다했다고 말할 수 있는 것인지에 대해서도 생각해 볼 일이다.

특히 이 문제는 민주적 국정관리를 넘어 왜 성찰적 자세가 필요한지에 대해서도 생각해 보게 한다. 국가나 정부당국이 금융감독 과정 혹은 부실문제를 처리하는 과정에서 좀 더 책임 있는 자세로 다가갔다면 국민들의 분노憤怒는 그 정도로 격심하진 않았을 것이다. 피해자들의 마음을 진정으로 헤아리려고 노력하고 그들의 존엄을 지켜주기 위해서 어떤 일을 할 수 있는지에 대한 진지한 고민이 필요할 것으로 보인다. 정책담당자의 무책임과 관련 공무원 등의 수뢰 등으로 국민을 위한 국가가 아닌 국민을 배신하는 국가로 변해버린 게 아닌가 하는 허탈감과 함께, 다양한 관점에서 성찰적 국정관리의 중요성을 생각하게 해 준다.

02

정의로운 국가란 무엇인가

1_ 플라톤의 정의로운 국가

2_ 매슬로의 '국가의 완성'

3_ 하버마스의 '근대성: 미완의 기획'

4_ 라스웰의 인간의 존엄성

5_ 정책학 이념으로서의 성찰성

6_ 국가의 완성과 정의로운 국가

7_ 인류 역사의 흐름과 문명의 패러다임

CHAPTER
02

정의로운 국가란
무엇인가

1. 플라톤의 정의로운 국가

정의로운 국가란 무엇인가. 올바른 국가란 무엇인가. 바람직
한 국가의 이상과 목적은 무엇인가.

플라톤에게 있어서 정의[1]로운 국가는 올바른 국가이다. 또한
그에게 있어서 정의로운 국가는 국가의 완성을 의미한다. 플라
톤은 「국가론」에서 인간의 영혼을 세 부분, 즉 이성logistikon, 용

26   정의로운 국가란 무엇인가

기thymos, 욕망epithymetikon으로 나눴다. 이러한 세 부분의 기능이 탁월하게 발휘되면서 조화를 이룬 사람이 올바른 사람이라고 보았다. 마찬가지로 국가도 이와 유사한 기능을 담당하는 계층이 존재하는데, 이성logistikon은 통치자 계층이, 용기thymos는 수호자 계층이, 욕망epithymetikon은 생산자 계층이 담당한다고 보고, 이러한 세 부분의 기능이 탁월하게 발휘되면서 조화를 이루는 국가가 올바른 국가라고 보았다. 즉, 개인이나 국가에 필요한 덕목은 지혜, 용기, 절제라고 보았으며, 이러한 세 부분의 기능이 탁월하게 발휘되면서 조화를 이루는 사람/국가를 정의로운 사람/정의로운 국가라고 보았다.

2. 매슬로의 '국가의 완성'

매슬로Abraham Maslow는 1954년 인간의 동기유발에 관한 욕구 5단계 이론을 발표하였다. 그 중에서 자아실현 욕구가 인간의 욕구 중 가장 상위 차원의 욕구이자 근본적인 욕구이다. 자아실현 욕구에 충만한 자는 자신의 능력과 자아 능력을 실험할 수 있고 창의적이고 혁신적인 방법을 이용할 수 있으며, 이로써 스스로를 성숙시키고 완성할 수 있는 일을 찾는 인간이다.

매슬로 이론1954에서 다섯 가지 욕구수준은 ① 생리적 욕구 Physiological Needs, ② 안전적 욕구Security Needs, ③ 사회적 욕구

〈그림 1〉 매슬로(Maslow)의 욕구 5단계 이론

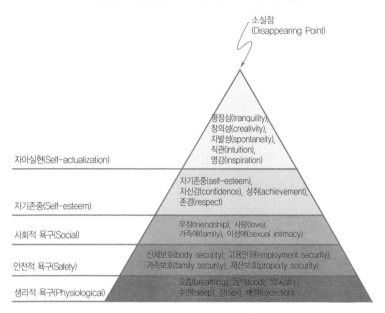

Social Needs, ④ 자기존중 Self-Esteem, ⑤ 자아실현Self-Actualization
이다. 이를 도식화하면 〈그림 1〉과 같다.

매슬로는 가장 하위 욕구인 생리적 욕구에서 자아실현 욕구
에 이르기까지 계층적인 순서로 만족되고 다음 욕구수준으로
이동한다고 주장하였다. 즉, 생리적 욕구와 안전적 욕구가 충족
되면, 사회적 욕구와 자기존중 욕구 등을 추구한다고 보았으며,
자기존중 욕구가 충족되면 자아실현 욕구로 나아간다고 보았다.
또한, 자아실현이 완성된 극소수는 자아실현 욕구마저 사라지는

소실점disappearing point 단계에까지 이르게 된다고 보았다.

국가도 개인과 유사하게, 진화하는 구조를 가지고 있다고 볼 수 있다. 국가가 진화하는 장기적 역사의 관점에서 볼 때 아직 생리적·안전적 단계를 벗어나지 못한 국가가 있는가 하면, 사회적·자기존중·자아실현의 단계로 진화하고 있는 국가도 있다. 또한 현 시점에서 정태적으로 살펴보면 한 국가의 정책 역시 국방과 치안을 통한 안보의 강화security needs, 경제를 통한 국부의 창출physiological needs, 외교를 통한 국가의 명예 제고social needs, 사회 문화 정책을 통한 국민의 인권과 정의 보장self-esteem, 자아실현의 완성self-actualization과 같은 정책 구조를 보인다. 즉, 개인뿐만 아니라 사회와 국가도 공동체 정의구현을 위해 부단한 '자아완성'의 공동체 욕구 혹은 완성을 향한 발전의 지를 지닌 채 진화하는 것으로 볼 수 있다.

따라서 국가가 보다 정의롭고 이상적인 국가가 되려면 경제적인 국부의 창출, 튼튼한 국방과 치안을 통해 보다 안전하고 잘 사는 나라, 국민과 소통하는 민주적인 나라, 그리고 이에 더 나아가 '신뢰받고 성숙한 공동체'를 구현함으로써 국가공동체로서의 '자아'를 완성시키려는 성찰적인 사회를 지향해야 한다. 그리하여 국가 구성원 개개인의 인권과 정의, 창의와 다양성이 존중되는 가운데 자아실현과 자아완성의 가능성이 열린 사회가 구축되어야 한다.

3. 하버마스의 '근대성: 미완의 기획'

근대 이후 많은 계몽주의 철학자들은 자유, 평등, 박애가 이루어지는 사회를 꿈꾸어 왔다. 이러한 사회를 현대적 의미로 해석하자면, 사회 속의 구성원인 개인과 집단 간의 신뢰와 등권을 전제로 개인의 자유와 주체성, 그리고 자아실현과 자아완성의 가능성이 살아있는 '열린' 사회를 의미한다.

하버마스J. Habermas[2] 도 인간해방을 추구하는 「비판적 사회이론」의 확립을 위해 '역사적 현실주의'와 '유토피아적 사고'의 유연한 접목[3]을 강조하고 있다Habermas, 1981. 하버마스는 18세기 계몽주의 사상가들에 의해서 견지되어 온 '사회적 이상과 꿈' Social Vision & Dream에 대한 유토피아적 사유를 다시 소생시켜야 한다고 주장한다. 근대 계몽주의 철학자들이 그토록 실현시키려다 못 이룬 '미완의 기획'Unfinished Project을 다시 완성시켜야 하며, 이것이야말로 역사적 진보와 완성된 미래를 추구하는 현대의 추진력이 되어야 한다고 주장한다. "유토피아의 오아시스가 말라 버리면, 진부함과 무력함의 황폐한 사막이 펼쳐진다"고 강조한다.

하버마스는 우리가 직면하고 있는 세기말적 전환기에 드리워진 '새로운 불투명성', 즉 위험한 군비경쟁, 통제되지 않는 핵, 파국을 예고하는 지구환경문제 등으로 대변되는 포스트모던 사회일수록, 그리고 그러한 위기로 인해 유토피아적 에너지가 고갈되어 가면 갈수록, 역사적, 이념적 방향이 필요하다고 역설한다. 즉, '이성의 부정'으로 대변되는 니체, 하이데거, 데리다, 푸코의 포스트모더니즘과는 반대로, 그는 끝난 것은 특정한 형태의 유토피아이며, 비판되어야 하는 것은 특정한 형태의 합리성이라고 주장하면서, 서양 합리주의의 전통인 유토피아적 사유와 합리성을 결합할 수 있는 새로운 이론을 모색하고 있다.

하버마스의 주된 관심은 어떻게 하면 사회의 분화로 축적된 인간의 능력을 폐쇄적, 단선적 형태로부터 해방시켜 인간세계를 이성적으로 만드는 데 사용할 수 있는가 하는 문제이다. 현대의 사회적 분화로 산출된 인간소외가 반이성적이었다면, 새로운 합리성은 분화를 통해 의사소통적 연대성連帶性을 실현해야 한다는 것이다. 만약 우리가 현대성으로부터 탈현대로 이행해가고 있다면, 오직 유토피아적 사유의 중심축이 옮겨갈 뿐이라고 하버마스는 단언한다. 자연과 인간본성을 억압하는 노동사회로부터 자연과 사회와 자기 자신에 대한 인간의 관계를 이성적으로 만드는 의사소통의 사회로 패러다임의 변화가 이루어져야 한다는 것이다 하버마스, 이진우 역, 1994:5-7.

4. 라스웰의 인간의 존엄성

정책학을 처음 제창한 라스웰Lasswell의 논문, "The Policy Orientation"1951을 살펴보면, 정책학의 궁극적인 목적은 인간의 존엄성을 충실히 실현시키는 것이다. 이러한 목적을 위하여 "인간이 사회 속에서 봉착하는 근본적인 문제," 즉 문명사적 갈등을 일으키는 문제, 시대사적 사회변동, 세계적 혁명추세, 체제질서 차원에서 일어나는 문제 등의 해결에 초점을 두라고 하며, 이러한 역량을 키우기 위해 정책과정 지향성과 정책내용 지향성이 통합된 형태의 정책지향성policy orientation의 완성을 주문한

〈그림 2〉 정책학의 목적구조

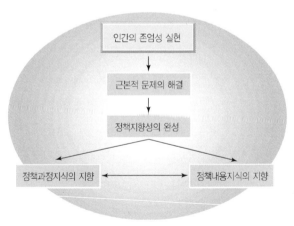

* 자료: 허범(2002: 298).

다. 즉, 라스웰이 제창한 민주주의 정책학은 인간의 존엄성을 충실히 실현시키기 위하여 체제질서 차원에서 일어나는 공공부문의 정책과정과 정책내용에 관한 지식을 문제지향적, 맥락지향적, 연합학문적으로 연구하는 학문이라 할 수 있다.

5. 정책학 이념으로서의 성찰성

라스웰Lasswell과 매슬로Maslow, 하버마스Habermas와 플라톤Platon의 논의를 종합해 보면, 국가의 궁극적인 목적은 정의의 구현 혹은 인간의 존엄성 실현이며, 이를 구체적으로 실현하기 위해서 거버넌스 역량[4] 강화가 필요하다는 것을 알 수 있다. 특히 정의로운 국가의 완성을 위해서는 정책학의 이념구조를 단계적으로 설정할 수 있는데, 이는 국가차원의 생산성, 민주성, 성찰성이라고 할 수 있다.

첫째, 정부 차원에서 생산성이 확보되어야 한다. 정부조직 내 관료주의 및 형식주의를 타파하고 관리주의와 시장의 경쟁원리를 도입하여 "일하는 시스템," "일 잘하는 시스템"을 구축함으로써 효율성을 확보해야 한다. 정부조직 내부의 효율성을 토대로 시장의 자율성과 창의성이 창출되어야 하며, 이를 토대로 강한 국부의 창출, 강한 안보의 구축 등이 이루어져야 한다.

둘째, 정부와 국민 간의 소통의 강화를 통해 민주성이 실현되어야 한다. 이는 정치적 차원에서의 절차적 민주주의의 확보와 함께 정책과정에서도 참여가 확대되고 숙의와 합의의 과정이 잘 지켜지는 것을 말한다.

셋째, 더 나아가, 사회적 차원에서 성찰성이 확보되어야 한다. 절차적 가치로서의 민주성이 꽃핀 상태가 성찰성이다. 사회 구성원들의 진정한 주체성과 독립성이 보장되는 사회, 사회의 열린 의사소통이 활성화social networking되는 사회, 그리고 이를 통해 개인들의 인권과 존엄, 자아실현과 자아완성의 가능성이 열린 사회의 실현이 필요하다. 개인적 차원에서 인권, 정의, 존엄의 실현과 함께 공동체 차원에서 신뢰받고 성숙한 공동체를 만들어 나가는 것이 필요하다. 이것이 바로 라스웰Lasswell이 주장한 정책의 최상위가치인 인간의 존엄성인권·정의·존엄 실현이며, 정책의 최상위 차원인 당위성의 실현이다. 이를 위해서는 국가나 정부도 깨어있는 정신이 필요하지만, 시민 입장에서도 성찰하는 시민awakened citizen, 덕성 있는 시민virtuous citizen으로 깨어있어야 한다.

6. 국가의 완성과 정의로운 국가

국가의 완성은 무엇인가? 정의롭고 도덕적인 국가란 무엇인가? 바람직한 국가의 이상과 목적을 실현하기 위해 깨어있는 국가는 어떤 것인가?

플라톤은 국가의 완성을 지덕체智德體의 완성을 통한 정의로운 국가의 실현으로 보았고, 매슬로는 자아의 완성과 국가의 완성이라는 단계적 진화의 관점에서 접근했다. 하버마스는 국가의 완성을 위해서는 언술이론과 담론형성을 토대로 한 미완성의 프로젝트Unfinished Project의 실현이 필요하다고 보았으며, 라스웰은 이러한 모든 궁극적인 실현의 지향점이 인간의 존엄성Human Dignity이라고 보았다. 요약하면, 국가의 완성은 개인의 존엄성이라는 이상을 구현시켜주는 지덕체를 구비한 공동체의 완성이라고 할 수 있으며, 지덕체를 구비한 공동체는 개인들의 인권과 존엄, 자유와 창의를 토대로 자아실현과 자아완성의 가능성이 열린 사회를 그 내용으로 한다.

본서에서는 국가 완성의 이상理想을 지덕체의 완성을 통한 인간 개인의 존엄성의 실현으로 보고, 지덕체를 구비한 열린 공동체의 완성을 위해 우리 사회에 부족한 부분을 끊임없이 성찰을 통해 보완해 나가려는 국가모형을 '깨어있는 국가, 성찰하는 사회'로 보았다.

열린 사회, 열린 공동체, 지덕체를 구비한 정의로운 공동체를 만들기 위해서는 '성찰'이 필요하다. 그동안 우리 사회는 머리와 에고ego 위주의 경쟁, 경쟁 일변도의 대립구도, '구하는 마음'과 '효율성' 중심의 사회를 만들기 위해 총체적으로 질주해왔다. 그것의 긍정적 역할에 대해서는 이미 다 알고 있겠거니와, 이젠 우리 자신을 되돌아볼 '성찰'이 필요하다. 무분별한 과학기술과 현대문명의 질주는 방사능 오염, 식품 안전위기, 전산시스템 해킹과 마비와 같은 '위험사회'를 낳았고, 효율성 중심의 국정관리는 '무엇을 위한, 누구를 위한' 국정운영인가를 살펴볼 겨를도 없이 한 방향으로 치달아 왔다. 이 글에서는 이러한 방향 전환 혹은 보완에 대한 요구를 성찰사회 혹은 성찰적 근대성사회학적 관점에서, 성찰적 행정학 혹은 성찰적 거버넌스행정학적 관점에서, 성찰적 정책학 혹은 성찰적 정책모형정책학적 관점에서이라고 불렀다. 그리고 여기에 활용되는 이념적 기준을 성찰성이라고 불렀다.[5]

7. 인류 역사의 흐름과 문명의 패러다임

인류 역사의 흐름과 문명 패러다임의 전개도 이러한 방향으로 흐르고 있다. 먼저, 인류 역사는 단순한 '기술' 또는 '산업'적 분류의 역사가 아니라 보다 근원적 의미의 인간 정신, 즉 '생각' 진보의 역사이다. '기술'이나 '산업'과 같은 것은 나타난 결과의 모습이고, 인류 역사를 곰곰이 그리고 깊이 살펴보면 이렇게 나타난 결과들은 보다 근원적인 '정신'이나 '생각'에 뿌리를 두고 있었음을 알 수 있다. 이성과 경쟁 중심의 역사가 탄생시킨 과학기술이나 현대문명의 한계는 여러 곳에서 드러나고 있는데, 이를 통해 우리 인류는 이제 단순한 이성과 경쟁 중심의 문화가 아닌 감성과 협력 중심의 문화를 필요로 하고 있다.

한편 문명의 패러다임도 그런 방향으로 진행되고 있다. 자연과학적으로 보면 원자에서 광자의 시대로, 보이는 물질입자에서 보이지 않는 에너지파동의 시대로 강조점이 이동하고 있고, 인문학적인 관점에서도 머리두뇌와 에고ego에 기초한 경쟁과 이기주의에서 가슴감성과 사랑love에 기초한 협력과 공동체정신으로 강조점이 옮겨가고 있다. 사회과학적으로 보면 관료제에서 거버넌스로, 계층제에서 네트워크로, 효율성 중심에서 성찰성 중심으로 무게중심이 이동하고 있다.

다음 장에서는 이러한 문명의 패러다임 전환에 대해서 먼저 간략히 살펴보고자 한다. 그런 다음 사회학적, 행정학적, 정책학적 고찰에 들어가기로 한다.[6]

03

역사의 흐름과 문명의 패러다임

1_ 인류 역사는 '생각' 진보의 역사이다

2_ 문명의 패러다임

3_ 관계를 성찰하는 것이 중요해진 사회

역사의 흐름과 문명의
패러다임

1. 인류 역사는 '생각' 진보의 역사이다

인류 역사는 '생각' 진보의 역사이다.[7] 인류의식의 새로운 장이 열릴 때마다 인류 역사는 어김없이 한 단계씩 진보를 보여주었다. 즉, 의식의 장이 새로 열리면 새로운 역사의 국면이 펼쳐지게 된다. 거꾸로 말해, 의식의 진보가 없다면 역사도 새로운 문명을 보여주지 못한다.

40   정의로운 국가란 무엇인가

인류 역사는 외견상 '기술'과 '산업'의 역사인 것처럼 보인다. 농업기술, 산업기술, 정보기술의 역사가 그렇고, 석기시대, 청동기시대, 철기시대, 플라스틱시대 등 도구진보의 구분이 그렇다. 하지만 자세히 관찰해 보면 이러한 기술과 생산의 역사는 그것을 가능하다고 믿었던 인류의 생각과 의식이 먼저 선행되어야만 가능했던, 즉 생각과 의식의 진보의 역사라는 것을 알 수 있다.

원시시대의 사람들은 자연과의 투쟁을 통해 생명을 보존하기에 급급하였다. 그들은 지혜를 짜내어 '불'을 발견하고, '도구'를 발명했으며, 거대한 자연에 대응하여 삶을 유지했다. 당시 인류의 '생각'에는 오직 투쟁과 그것을 통한 생존만이 전부였을 것이다.

그러다가 '종교의 시대'가 등장했다. 대중들은 종교가 국가나 왕보다 절대적인 것으로 '생각'했다. 따라서 교황권은 왕권을 능가했으며, 역사가들이 '암흑의 시대'Dark Age라고 부르던 1000년간의 중세시대는 '인간'과 '이성', '과학'과 '합리'라는 자리가 들어설 여지가 없었다.

르네상스와 근대 시민혁명의 시대를 거치면서 사람들은 스스로 무언가를 '창조'할 수 있다는 '생각'을 갖기 시작했다. '신'神의 이름으로 신에게 봉사만 하는 삶이 아닌 우리 스스로 인간의 행복에 도움이 되는 산업과 기술을 발명하고 도시와 정부를 창조하기 시작한 것이다. 산업혁명의 과정을 거치면서 자본이 최고라는 물질만능의 '생각'이 점차 자리잡기 시작했고, 기술이 최선이라는 기술만능의 '생각'을 갖게 됐다. 그게 지금 바로 우리들 모습의 현주소라고 할 수 있다.

하지만 그동안 역사의 진보과정에서, 무슨 연유에서인지는 몰라도 우린 '가슴'을 잃어버렸다. 첨단과학의 진보, 놀라운 인터넷 기술의 발전, 신자유주의로 대변되는 세계적 경쟁구도 속에서 우린 가슴과 따뜻한 '정'을 상실하였다. 우리 인류는 지금이라도 그동안 놓쳐버린 '가슴'을 되찾아야 한다. 그리하여 우리가 원래 단순한 '기술'과 '산업'의 존재가 아니라 신성神性의 일부로서 '생각'의 주체였다는 사실을 다시 인식해야 한다. 그러한 노력은 머리와 에고ego 중심의 삶이 아닌 가슴과 사랑love의 삶으로의 전환을 요구하고 있고, 머리·이성에 기초한 개인주의보다는 가슴·감성에 기초한 협력정신을 요구하고 있다. 또한, 관료제·계층제·효율성보다는 거버넌스·네트워크·성찰성에 대한 새인식을 요청하고 있다.

한편 이러한 전환은 점점 더 쉬워지고 있는데, 왜냐하면 문명의 패러다임이 이미 그쪽으로 움직이고 있기 때문이다. 즉, 19세기 원자原子의 개념에 입각한 입자 중심의 물질적 사고가 점점 더 광자光子 혹은 미립자微粒子에 기초한 에너지 중심의 세계로 변화해 가고 있기 때문이다. 눈에 보이는 물질적 구조에만 중심을 두었던 뉴톤/데카르트식 기계론적 세계관도 눈에 보이진 않지만 미립자들의 파동으로 이루어진 양자역학이론에 기초한 유기체적 세계관으로 이동하고 있다.

2. 문명의 패러다임

문명의 패러다임도 바뀌고 있다. 새로운 문명의 패러다임은 원자에서 광자의 시대로, 물질에서 에너지의 시대로 바뀌고 있다.

우주의 본질은 광양자 光陽子와 광전자光電子의 척력斥力과 인력引力으로 구성되어 있고, 물질의 궁극적인 자리에는 마음心 에너지장 fields이 형성되어 있으며,[8] 그 본질에는 극소립자인 렙톤에너지, 즉 신적인 에너지 장 fields 안에서 끊임없는 상호작용과 멈춤 혹은 운동이 확인된다.[9]

원자는 양성자陽性子와 중성자中性子로 구성된 원자핵 주변을 전자電子들이 끊임없이 순환운동을 하는 형태로 이루어져 있는데, 양성자와 중성자는 다시 무거운 소립자인 쿼크와 가벼운 소립자인 렙톤으로 이루어져 있다. 쿼크는 위up, 아래down, 천장 top, 바닥bottom, 기묘strange, 매력charm 등 3쌍의 소립자로 이루어져 있으며, 렙톤은 전자중성미자, 전자반중성미자, 뮤온중성미자, 뮤온반중성미자, 타우중성미자, 타우반중성미자 등 3쌍의 소립자로 이루어져 이들 간의 순환과 조합 작용으로 우주는 구성되어 있다.

19세기와 20세기 초기까지만 해도 사람들은 우주는 원자라는 입자로 이루어졌다고 믿었다. 집을 지을 때에도 벽돌을 쌓아서 짓듯이 우리가 사는 이 우주도 원자라는 단단한 기본입자Building Block들로 구성되어 있다고 생각했다. 시계를 열어보면 초침이 있고, 분침과 시침이 있어서 초침이 60번 움직이면 1분이 되고, 분침이 60번 움직이면 1시간이 되듯이, 이 우주도 원자라는 고정된 입자로 구성되어 있어 기계처럼 정밀하게 움직여지고 있다고 생각했었다.

그러다가 20세기 초, 즉 1913년 이후 보어와 슈뢰딩거와 같은 학자들이 양자이론을 제시하여 확률분포에 기초한 에너지 장場에 의한 현대적 원자모형이 확증되면서 소립자 중심의 양자역학의 세계가 밝혀지게 되었다.[10] 즉, 우주는 어떤 기본적인 입자로 이루어진 게 아니라 그 입자를 더 분해하여 원자에서 원자핵, 원자핵에서 양성자와 중성자, 양성자와 중성자에서 쿼크와 타우 등 중성미자의 렙톤에너지로, 더 내려가 보면 궁극에는 마음心에너지 장만이 바탕에 존재하게 된다는 사실이 밝혀졌다.

세상 저 바깥에 나와 분리되어 존재하는 꽃이나 나무, 식물이나 동물들은 우리 눈에는 고정된 실체로 보이지만, 사실은 미세微細한 미립에너지들의 끝없는 파동과 움직임의 연속체로 이루어져 있다. 또한 그들 상호 간에는, 우리들의 가시可視파장의 눈에는 보이지 않지만, 끊임없는 에너지 교환을 이루고 있다. 더 나아가 관찰자의 마음 정신입자, 마음질료, 혹은 마음에너지; mind-matter, mind-stuff, 혹은 mind-energy은 그의 바깥에사실은 에너지 세상으로 보면 안도 바깥도 없는 것인데 존재하는 물질의 미립에너지들과 상호작용하여 입자 눈에 보일 것인가 혹은 파동 눈에 보이지 않을 것인가의 문제를 결정짓기까지 한다는 것이 밝혀졌다. 이러한 시각으로 사물과 세상을 바라보면, 이 우주의 만상만물들은 서로 에너지의 영향을 주고받고 있다. 한마디로 우리는 나와 너의 구분이 없이 '한 바탕'으로 이루어진 '에너지 세상'에 살고 있는 것이다.

이러한 새로운 문명의 패러다임 하에서는 사물을 바라보는 시각 역시 바뀌어야 한다. 물질입자로 볼 것인가 에너지파동로 볼 것인가. 물질로 보게 되면 사물들을 각기 따로 떨어진 존재로 생각하는 것이고, 에너지로 보게 되면 나를 포함한 사물들은 서로 연결된 존재들로 인식하게 된다. 우리에게 보이는 물질입자이 사실은 그 근원에서 보면 역장力場; fields of force에서 파동 치는 미세에너지들의 흐름이다. 즉, 눈에 보이는 모든 것이 모두 에너지의 작용인 것이다. 한마디로 인류는 바야흐로 광자光子에 바탕을 둔 '미세에너지 세상'으로 들어서고 있다.

이에 따라 우리의 사고도 원자에서 광자로, 물질에서 에너지를 중시하는 쪽으로 바뀌고 있다. 쉬운 예를 하나 들자면, "생각

〈그림 3〉 문명의 패러다임 전환

이 에너지다"라는 카피문구가 이젠 어색하지 않게 우리 주변에 다가와 있다. 눈에 보이는 물질만을 중시하던 사고에서 눈에 보이진 않지만 우리의 기분에 영향을 미치는 좋은 에너지를 더 높은 가격에 '구매'하려는 사람들이 늘어나고 있다. 예컨대, 기氣의 흐름, 풍향, 집이나 아파트의 위치, 우리의 기분을 더욱 고양시키는 좋은 에너지, 음악과 식품, 유기농 음식, 더 좋은 몸과 에너지 흐름을 만들기 위한 노력들, 헬스, 요가, 기수련, 명상, 에너지 스테이션, 헥소미아, 웰빙 등에 사람들은 더 민감하게 반응하고 있다.

3. 관계를 성찰하는 것이 중요해진 사회

원자에서 광자로, 물질에서 에너지로의 전환, 즉 이러한 과학적 패러다임의 전환이 사회과학에 던지는 의미는 무엇일까? 그리고 더 나아가 행정학과 정책학에 던지는 의미는 무엇일까?

이는 무엇보다도 '딱딱하고 경직된' 사고의 바탕이었던 관료제 중심의 행정구조에서 보다 '유연하고 관계망'에 기초한 거버넌스로의 전환을 의미하는 것이기도 하다. 경직된 계층제를 중심으로 정부가 사회에 명령하던 기존의 관료제 중심의 정부운영에서 정부와 시장 그리고 시민사회의 수평적이고 유연한 관계를 기초로 신뢰와 협력을 중시하는 거버넌스 중심의 국정관리로 변화됨을 의미하는 것이다.

또한 물질과 경제적 실용을 중시하는 효율성 중심의 국정운영에서 신뢰와 품격을 더욱 중시하는 성찰성 중심의 국정운영으로 패러다임의 전환을 의미하는 것이기도 하다. 이에 따라 최근에는 트위터Twiter, 페이스북Facebook 등 스마트기기Smart Media 및 소셜네트워크SNS의 기제를 활용한 관계 중심의 네트워크 혹은 공동체를 중시하는 문화가 만들어지고 있다. 사회과학에서도 눈에 보이는 효율성 못지않게 눈에 보이지 않는 투명성, 신뢰성, 성찰성과 같은 개념이 중요해지고 있는 것이다.

성찰이라는 용어는 일반적으로 인간-자연, 인간-사회, 인간-기술에 대한 의식consciousness과 성찰reflexivity의 수준이 올라가는 것을 의미하며, 공동체의 존재양식에 대한 성찰의식reflexive consciousness과 자각수준 awareness level이 올라가는 것을 의미한다.

국정관리의 관점에 국한해서 살펴보면 성찰성은 우리 사회의 진정한 커뮤니케이션과 담론 기능의 활성화를 통해 우리 사회 공동체를 좀 더 신뢰사회와 성숙한 사회로 만들어나가려는 노력을 의미하며, 이러한 과정에서 개인과 개인, 개인과 단체, 개인과 국가 간의 진정한 신뢰trust와 등권empowerment을 전제로 개인의 인권과 존엄, 자아실현self actualization과 자아완성self fulfillment의 가능성이 열려있는 사회를 만들어가는 총체적 노력을 의미한다고 하겠다.

04

성찰적 근대성과

성찰

사회

1_ 우리가 지향하는 사회는 어떤 사회인가

2_ 성찰적 근대성

3_ 근대성: 미완의 기획

4_ 공화정 민주주의와 숙의 민주주의

5_ UNDP의 성찰적 거버넌스 모형

6_ 미래사회와 성찰적 공동체

CHAPTER 04

성찰적 근대성과 성찰사회

1. 우리가 지향하는 사회는 어떤 사회인가

우리는 어떤 사회를 꿈꾸는가? 우리는 어떤 사회를 지향하는가?

미래사회는 우리에게 희망을 주는 사회가 될 것인가? 산업혁명과 정보혁명 이후 진행되고 있는 '근대성'과 '현대성'은 희망을 주고 있는가? 이들이 가져다준 현대문명, 즉 첨단 과학기술과 첨단 정보기술의 발달이 가져다주는 '허와 실'은 무엇인가? 우리는 어떤 미래를 지향할 것인가? '또 다른 미래'를 지향할 수 있을까?

우리는 사회 속의 구성원들 개개인의 자유와 창의, 인권과 존엄, 정의와 형평이 살아있는 사회를 꿈꾼다. 개인과 집단들 간의 진정한 신뢰와 등권을 전제로 개인의 자유와 주체성, 자아실현과 자아완성의 가능성이 살아있는 '열린' 사회를 꿈꾼다. 이는 가능한 일일까?

2. 성찰적 근대성[11]

울리히 벡Ulrich Beck은 이를 성찰적 근대성이라고 불렀다. 울리히 벡Ulrich Beck, 1986[12]에 의해 제시된 '위험사회'Riskogesellschaft라는 개념은 서구에서 비롯된 산업사회의 내재된 위험을 단순히 고발하는 개념이 아니라, 산업사회를 사회역사적인 관점에서 진단하고 새로운 근대성을 모색하기 위한 포괄적 개념이었다.

울리히 벡은 근대화된 사회를 일차적으로 '산업사회'라는 개념으로 파악하고 있다. 산업사회에서는 경제발전, 과학기술의 발전 등 진보와 개발에 대한 '믿음'이 사회의 지배적인 동인動因이다. 이러한 '믿음'이 알지 못한 곳을 향한 무계획적이고 합의되지 않은 지속적인 사회변동을 가능케 함과 동시에 하나의 독단적 교리가 되면서 문제가 발생한다고 울리히 벡은 주장한다. 더욱이 산업사회는 진보에 대하여 '어떻게' 또 '무엇을 위해'라는 질문을 용납하지 않은 채 절대적인 동의만을 요구해왔다는 것이다. 그는 그 결과로 초래된 현재의 산업사회를 '인위적으로 만들어진 자기소멸 가능성에 직면하고 있는 사회'라고 규정짓고, 산업사회에서 말하는 진보란 바로 '자멸의 진보'에 지나지 않는다고 말한다.

이와 같은 산업사회에 대한 비판적인 인식을 토대로, 그는 산업사회의 이면에 내재되어 있던 위험요소들이 현재 인류를 위협하고 있음에 주목하고, 산업사회적 모순과 인류 자멸의 가능성을 회피하기 위한 '또 다른 근대성'을 향하는 새로운 근대화 과정이 필요하다고 주장한다. 울리히 벡1986은 지금까지의 근대화가 초래한 잘못된 결과들을 비판하고 반성하는, '성찰적 근대화'reflexive Modernisierung를 제안하였다. 산업사회에서 지나치게 객관성에 의존하고 법칙 발견만을 추구해온 자연과학적 '실험'실 과학'의 한계를 지적하고 경험의 중요성을 강조하면서, 본질적 성격과 근본적 실수에 초점을 두는 새로운 지식으로서 '경험과학'을 '위험사회'에서 요구하는 사회학의 모습으로 제안하였다. 그는 여러 가지 환경위생과 관련된 사례들을 통해, 인식지평 상의 '혼돈'chaos, '근본적 비결정성'fundamental indeterminism 속에서 축소·환원되어 분석적으로 검증된 사실의 규칙성에 토대를 둔 전통적 '과학'의 독점적 지위가 얼마나 위험한 것인가 하는 것을 설득력 있게 설명하고 있다.

한편 기든스Anthony Giddens[13]는 오늘날 우리가 살고 있는 세계를 주인으로서의 인간에게 속한 세계가 아니라, 불확실성으로 가득 찬 '질주하는 세계'로 파악한다 Giddens, 1994. 인간 지식의 진보, 사회 및 자연에 대한 '통제된 개입' 등 확실한 것으로 보였던 것들이 실제로는 더욱 예측 불가능하게 되어버렸다고 진단한다. 기든스는 이렇게 창출된 불확실성을 총칭해서 '인위적 불확실성'manufactured uncertainty이라는 개념으로 설명하였다.

이와 같은 현대사회의 인위적 불확실성에 대응하기 위해 기든스는 실천적인 측면에서, 급진적 정치를 위한 분석틀로서 손상된 연대성의 복구, 정치적 질서의 공식적 영역과 비공식적 영역에서 '삶의 정치'life politics,[14] 능동적 신뢰를 바탕으로 한 '발생적 정치'generative politics,[15] '대화적 민주주의'dialogic democracy,[16] '적극적 복지'positive welfare를 바탕으로 한 복지국가의 재건, 그리고 마지막으로 인간사에 있어서 '폭력'의 부정 등과 같은 정치 프로그램이 필요하다고 보았다.

3. 근대성: 미완의 기획

하버마스 J. Habermas, 1981[17]는 18세기 계몽주의 사상가들에 의해서 견지되어 온 '사회적 이상과 꿈'Social Vision & Dream에 대한 유토피아적 사고야말로 역사적 진보와 완성된 미래를 추구하는 현대의 추진력이 되어야 한다고 주장한다.

하버마스는 군비경쟁, 통제되지 않는 핵 확산, 개발국가의 구조적 빈곤, 파국을 예고하는 환경문제 등으로 대변되는 포스트모던 사회일수록, 그리고 그러한 위기로 인해 유토피아적 에너지가 고갈되어 가면 갈수록, 역사적 · 이념적 방향이 필요하다고 주장하였다. 즉, '이성의 부정'으로 대변되는 니체, 하이데거, 데리다, 푸코의 포스트모더니즘과는 반대로, 그는 끝난 것은 특정한 형태의 유토피아이며, 비판되어야 하는 것은 특정한 형태의 합리성이라고 강조했다.

하버마스의 주된 관심은 어떻게 하면 사회의 분화로 축적된 인간의 능력을 폐쇄적, 단선적 형태로부터 해방시켜 인간세계를 이성적으로 만드는 데 사용할 수 있는가 하는 문제이다. 현대의 사회적 분화로 산출된 인간소외가 반이성적이었다면, 새로운 합리성은 분화를 통해 의사소통적 유대성을 실현해야 한다는 것이다. 만약 우리가 현대성으로부터 탈현대로 이행해가고 있다면, 오직 유토피아적 사유의 중심축이 옮겨 갈 뿐이라고 하버마스는 단언한다. 자연과 인간본성을 억압하는 노동사회로부터 자연과 사회와 자기 자신에 대한 인간의 관계를 이성적으로 만드는 의사소통의 사회로 패러다임의 변화가 이루어져야 한다는

것이다 _{하버마스, 이진우 역, 1994:5-7.}

4. 공화정 민주주의와 숙의 민주주의

현대 거버넌스에 있어서 시민사회의 역할은 중요하다. 시민
은 거번먼트Government, 정부의 민주주의 형태보다는 거버넌스
Governance, 국정관리의 민주주의 형태를 구현하는 데 매우 중요한
역할을 하게 된다.

1) 한나 아렌트의 공화주의(Republicanism) 혹은 시민적
도덕심(Civic Virtue)

한나 아렌트H. Arendt, 1958는 공공 영역의 장Public Space의 원
형을 고대 그리스 도시국가에서 찾고 공공 영역의 장을 "도덕
적, 정치적 아이디어가 다른 사람들에게 표시되고 서로 교환되
는 것"으로 파악한다. 즉, 민주주의의 핵심은 공화주의에 있으
며, 공화주의의 핵심은 다양한 시민사회의 의견이 국정에 표출
되고 반영되는 것이라는 것이다. 한나 아렌트는 정치적 영역에
대한 좁은 해석과 시장개념의 확대이로 인해 경제적 이슈가 공공 영역의 장
에 점차적으로 침투가 진행되면서 공공 영역은 축소되어 왔다고 보았
으며, 앞으로 정보기술을 토대로 한 대화와 토의 그리고 숙의의
과정이 공공 영역의 장의 회복에 중요한 역할을 담당해야 된다

고 보았다.

2) 하버마스의 숙의 민주주의 모델

하버마스 J. Habermas, 1981는 대화 및 참여를 오로지 정치적인 영역에만 국한해서는 안 되며, 사회, 문화적인 영역으로까지 확대하여야 한다고 주장한다. 그래야만 보다 다양화, 복잡화되고 있는 사회의 모든 국면에 적용될 수 있기 때문이다. 즉, 하버마스의 의사소통적 유대성과 의사소통 사회는 공화주의보다 더 폭넓은 의미로 확대된 개념이라고 볼 수 있다. 또한 민주사회에서 합법성을 확보하는 방법은 중립성에 대한 제약 하에서가 아니라 실제적인 측면에서 공개적 토론public dialogue을 통해 이루어져야 한다고 주장하였다.

하버마스 J. Habermas, 1971는 지식이 도구적 합리성instrumental rationality으로 전락하는 위험성에 대해서 지적하면서, 이러한 위험성을 극복하기 위해서는 소수의 엘리트만이 옳다는 독단적 사고로부터 벗어나 대화와 토론, 숙의와 합의에 기초한 현상탐구가 지적세계의 인식론적 토대가 되어야 한다고 보았으며 Habermas, 1971: 4, 인간의 실천적 이성에 근거한 숙의 민주주의의 중요성을 주장하였다.

3) 숙의 민주주의와 성찰성

정책학의 관점에서 숙의 민주주의는 특히 중요한 위치를 차지한다. 참여정책분석PPA: Participatory Policy Analysis은 민주주의 사회를 구성하는 다원적 이익집단이나 세력들이 충분히 정치적 목소리나 정책참여가 가능해야 한다는 제퍼슨Jeffersonian 민주주의와 하버마스Habermas의 의사소통이론에 근거를 두고 있다 deLeon, 1990, 1994.

특히 사실 명제에 입각한 좁은 의미의 실증주의 분석과 정책 엘리트만이 참여하여 분석하는 객관적 기술자 모형이 실제로 다양한 관점에서의 성찰을 방해할 수 있으며, 그것이 결국 민주주의 정책학에 걸림돌로 작용할 수 있다는 점은 매우 중요한 논점이라고 할 수 있다Durning, 1993; Forester, 1999; Fischer, 1998. 즉, 정책학에 있어서 다양한 인간행태와 사회행위는 무엇보다도 총체적 맥락을 통해 해석되고 분석되어야 하며, 이러한 행위의 간주관적 해석inter-personal interpretation과 좁은 의미의 행태주의를 극복하는 탈실증주의적인 성찰post-positivism reflexivity이야말로 민주주의 정책학의 결과와 함의를 풍요롭게 하는 데 있어서 빼놓을 수 없는 부분이라고 하겠다.

5. UNDP[18]의 성찰적 거버넌스 모형

거버넌스governance 이론은 20세기에서 21세기로 넘어오면서, 세계화와 정보화가 급속하게 진행되는 과정에 등장하게 된 새로운 사회과학 분야의 이론이다. '더 작은 정부, 더 많은 거버넌스'Cleveland, 1972, '정부 없는 거버넌스'Peters, 1998, '거번먼트 Government에서 거버넌스Governance로'Rhodes, 1997의 구호는 정부와 거버넌스의 관계를 잘 보여주고 있다.

거버넌스 개념의 등장 이면에는 기존의 국민국가 중심의 통치체제의 약화라는 배경이 깔려있는데, 국가 중심의 통치 능력은 약화되고 통치 요구는 높아지는 상황에서 새로운 개념으로서 나타난 것이 거버넌스이다 Kooiman, 1993.

사회가 복잡성을 띠면서 나타나는 정치·경제·사회 분야에 있어서 탈산업화, 탈근대화 현상은 조정coordination과 연결net-working을 통한 새로운 국가운영 방식을 요구하게 되었는데 Kooiman 1993; Kooiman and Vliet, 1993, 이러한 배경에서 거버넌스 개념이 등장하였고, '정부에서 거버넌스로'From Government To Governace의 문제가 중요하다는 인식의 공감대가 확산되었다 March and Olsen 1995; Peters 1996; World Bank 1994; Rhodes 1996.

거버넌스 개념의 핵심은 '사회체계의 대등한 관계에서의 조정'을 전제로 하고 있다Pierre, 2000: 3. 거버넌스는 공동체 운영의 새로운 체제, 제도, 메커니즘 및 운영방식을 다루는 것으로, 기존의 통치governing나 정부government를 대체하는 것으로 등장하고, 그 개념도 점차 확대되는 과정에 있다권기헌, 2007a; 2008a.

거버넌스의 개념은 또한 거버넌스의 주체들인 국가, 시장, 시민사회 가운데 어느 것을 중심으로 이해하느냐에 따라 거버넌스의 내용이 달라진다. 이질적인 주체들이 공동체의 공공이익이라는 공동 목적을 어떻게 잘 조화시킬 것이냐의 문제는 거버넌스 체제가 제도화하고 작동하기 위한 중요한 과제이다.

로즈Rhodes, 1996는 세계은행World Bank에서 제시한 거버넌스 모형으로서 정부의 투명성, 책임성, 대응성을 중요한 기준으로 들었다. 이러한 기준에 의하면 좋은 거버넌스good governance는 다음 3가지 차원으로 구성된다.

첫째, 체제적 차원으로 정부보다 넓은 의미로서 국내외를 포함한 국제체제의 정치적, 경제적 권력의 상호작용과 투명성을 유지한다.

둘째, 정치적 수준으로 국가가 정당성과 책임성(민주성)을 부여받고 안정된 상태를 유지한다.

셋째, 행정적 수준으로 정부가 효율적이고 투명하며 대응성 높은 관리운영을 통해 효과적인 정책결정과 집행 및 평가가 이루어지는 관료제적인 능력을 유지하는 것이다.

한편 UNDP에서는 아래와 같은 7가지 거버넌스 패러다임을 제시하고 있는데, 이는 국가를 중심으로 접근하지 않고, 능동적 시민성찰적 개인을 출발점으로 하여 투명성과 신뢰성, 책임성과 성찰성을 강조하는 한편 이를 통해 거버넌스 공동체를 실현시키고자 하는 목적을 담고 있어 매우 주목할 만한 내용이라고 생각된다.

첫째, 능동적인 시민들이 성찰적인 개인이 되어 성숙한 시민이 되고,
둘째, 서로의 의사소통을 통한 경험과 이해관계를 공유하면서 의견을 공유하고,
셋째, 공동의 이슈화와 공론화를 통해 여론을 형성하고,
넷째, 자발적 참여와 협력, 합의도출과정에 대한 비공식적 제도화를 통해 여론형성양식을 만들고,
다섯째, 반응성, 책임성, 투명성의 원칙을 근본으로 공식적인 제도화를 통해 정책형성양식을 정착시키며,
여섯째, 제도설계, 제도 간 연계 및 조정을 통해 제도적인 질서와 균형을 유지하여 거버넌스 체제기능을 작동하게 하고,
일곱째, 공적 부문과 사적 부문, 정부와 시민사회 등의 주체 간 이분법을 극복할 수 있는 인식론적인 기반을 공유함으로써, 거버넌스가 체제, 제도 및 행위 양식으로서 동질성을 지니도록 해야 한다UNDP, 1997b.

6. 미래사회와 성찰적 공동체

이상에서 제시된 이론과 모형들은, 논점의 차이는 있으나, '근대성'과 '현대성' 그리고 '현대정보기술'과 '현대과학기술'이 가져온 발전궤적을 보다 근본적인 의미에서 '성찰'할 것을 주문하면서, 또 한편 성찰적인 공동체를 실현하기 위한 다양한 방안들을 제시하고 있다.

정보기술 혹은 과학기술의 관점에서 성찰한다면 우리 사회가 너무나 많이 정보기술에 치중되어 정보사회의 미래와 비전을 그려내고 있으며, 우리는 어느새 거기에 익숙해져 있지는 않은가 하는 점이다. 이러한 피상적인 진전은 정보화가 근대성에 대한 깊은 성찰을 토대로 나온 인류사회의 패러다임이라기보다는, 산업사회가 추구하는 사회적 효율성과 경쟁구도의 연장선상에서 나온 것이라는 점에서 주의 깊은 성찰을 요구하고 있다.

더욱이 '정보화' 혹은 '현대성'의 총체적·사회적 의미가 과연 무엇인지 미처 체계적으로 정리되기도 전에, 정보기술과 그 응용능력에 대한 온갖 찬사와 기대가 부여되고 있다면, 그리하여 우리 사회공동체가 구현해야 할 비전과 개혁의 지향점을 '보다 근본적인 의미'에서 성찰해 보는 것을 방해하고 있다면, 이는 결코 바람직한 일이 아닐 것이다.

우린 사회 속의 구성원들 개개인의 자유와 창의, 인권과 존엄, 정의와 형평이 살아있는 사회를 꿈꾼다. 개인과 집단들 간의 진정한 신뢰와 등권을 전제로 개인의 자유와 주체성, 자아실현과 자아완성의 가능성이 살아있는 '열린' 사회를 꿈꾼다. 이는 가능한 일일까? 그리고 이러한 사회를 실현하기 위해 우린 무엇을 먼저 해야 할 것인가?

05
성찰하는 마음과
공동체
정신

성찰하는 마음과
공동체 정신

1. 성찰사회란 무엇인가?

플라톤은 국가의 완성을 지덕체智德體의 완성으로 보았고, 매슬로는 자아의 완성과 국가의 완성이라는 관점에서 접근했으며, 라스웰은 이러한 모든 궁극적인 실현의 지향점이 인간의 존엄성Human Dignity이라고 보았다.

성찰사회를 실현하기 위해서는 지덕체를 구비한 열린 공동체를 만드는 것이 핵심이다. 지덕체를 구비한 공동체를 만들기 위해서는 개인과 공동체 모두의 노력이 필요하며, 공동체 차원뿐만 아니라 개인의 성숙도가 증가할 때 국가의 완성은 한걸음 더 가까워질 것이다. 즉, 국가 공동체 차원에서 지덕체의 강화 특히 현시점에서 덕을 강화시키려는 노력가 필요하듯이, 개인적 차원에서도 지덕체의 강화특히 현시점에서 덕성 있는 시민으로 거듭나려는 노력가 필요하다.

이러한 개인 및 공동체 차원에서의 노력을 통해 나타나는 성찰사회의 비전 및 효과는 인간의 존엄성 실현인데, 이는 구체적으로 개인적 차원에서 인권, 정의, 존엄이 지켜지고 자아 완성이 실현될 기회가 최대한 열려 있는 사회를 의미하며, 공동체 차원에서는 개인과 개인 간, 단체와 단체 간 상호 신뢰를 바탕으로 공존 공영하는 성숙한 공동체의 구현을 의미한다〈그림 4〉 참조.

본서에서는 국가의 완성의 이상 理想을 지덕체의 완성을 통한 인간 개인의 존엄성의 실현으로 보고, 지덕체를 구비한 열린 공동체의 완성을 위해 우리 사회에 부족한 부분에 대한 끊임없는 성찰을 통해 보완해 나가려는 국가모형을 '깨어있는 국가, 성찰하는 사회'로 보았다.

다음 〈그림 4〉는 '깨어있는 국가, 성찰하는 사회'를 보여주고 있다. 그림에서 보듯이 국가의 완성은 정의로운 공동체를 통해 구현되는데, 이는 지덕체의 완성을 통해 나타난다. 이러한 정의로운 공동체 구현의 목적은 인간의 존엄성 실현으로 나타나는데, 이는 개인의 인권과 존엄, 자유와 창의, 그리고 자아실현과 자아완성의 기회와 가능성이 열린 사회를 의미한다. 지덕체의 완성을 통한 정의로운 공동체를 실현하기 위해서는 개인과 공동체 차원에서 끊임없는 성찰의 노력이 필요한데, 이를 위해서는 '깨어있는 국가, 성찰하는 사회'가 필요하고, 성찰적 국정관리와 민주주의 정책학을 필요로 한다. 특히 현 시점에서 개인이나 공동체 모두 지덕체의 관점에서 덕德이 취약한 상태에 있으므로 개인이나 국가 차원에서 공동체의 덕성virtue을 강화하기 위한 노력이 전략적으로 필요하다고 하겠다.

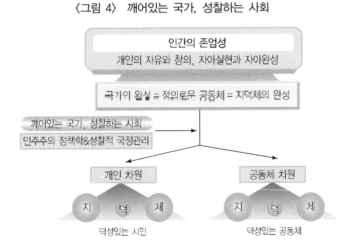

〈그림 4〉 깨어있는 국가, 성찰하는 사회

2. 성찰사회와 이(理)

동양의 유교사상에서는 이를 이理라는 한 단어로 함축적으로 표현하였다. '성즉리'性卽理라고 하여 모든 사물의 본성바른 理致와 바른 道理을 이理로 보았다. 군주국가는 군주대로의 왕도王道가 있으며, 백성市民은 백성대로의 도리道理가 있어 덕성德性스러운 국민이 되어야 한다고 보았다. 이理 안에 지덕체智德體가 모두 포함되는 것이다.

퇴계 이황은 12세에 그의 숙부이자 스승이었던 송제공에게 논어를 배우던 중 "이理란 무엇입니까?"라고 질문하였다. 그 이후 퇴계는 한 평생을 '우주 모든 사물의 바른 이치와 도리', 즉 이理라는 단어에 천착하여 그의 학문과 철학세계를 구축하였던 것이다.

유교의 기본경전 중의 하나인 대학大學에는 이理를 궁구하는 것을 격물치지格物致知라고 표현하였다. 대학大學의 팔조목八條目은 격물格物-치지致知-성의誠意-정심正心-수신修身-제가齊家-치국治國-평천하平天下로 표현되는데, 학문과 수양의 근본방법으로 '격물'格物과 '치지'致知가 수기치인修己治人의 핵심 방법론으로 등장하고 있다. 즉, 격물格物과 치지致知는 성의誠意-정심正心으로 이어진다고 보았던 것이다. 사물의 이치를 하나하나 철저히 궁구하여 그 극처極處에 도달하게 되면 궁극적으로 내가 본래부터 갖고 있는

심心의 본체를 밝힐 수 있고, 그 과정에서 성의와 정심을 이룰 수 있다고 본 것이다. 이러한 해석이 주자의 논리라면 이러한 접근에 반대를 한 학자가 육구연이다. 즉, 주자학을 집성한 주자가 '인간의 본성이 곧 이'性卽理라고 주장하였다면, 뒤에 양명학의 토대를 닦은 육구연은 이러한 접근에 반대하여 '인간의 마음이 곧 이'心卽理라고 주장하면서 진리의 탐구로부터 실천원리에 이르는 모든 학문의 바탕을 본심本心의 자각에 두었다.[19]

3. 성찰사회와 심(心)

육구연은 '천하의 이理는 무궁하다. 그렇지만 그것은 모두 여기마음에 모여들어 있다'天下之理無窮 然其會歸總在于此라고 말하고, '마음의 체는 매우 크므로 만약 내 마음을 지극하게 할 수 있다면 하늘과 같아진다'心之體甚大 若能盡我之心 便與天同라고 주장함으로써 오직 '내 마음悟心만이 바로 우주이며, 우주는 바로 내 마음'吾心便是宇宙 宇宙便是吾心이라고 주장하였다. 더 나아가 육구연의 심성론을 더욱 정비하여 양명학을 정비한 왕양명은 '마음의 본체는 본래 선과 악이 없는 것이지만 선과 악이 나타나는 것은 뜻意의 작용 때문이다. 따라서 이미 나타난 선과 악을 구별하여 아는 것이 양지良知이며, 선을 행하고 악을 버려 마음의 본체로 돌아가는 것이 바로 격물格物인 것이다'無善無惡是心之體 有善有惡是意之動 知善知惡是良

知 爲善去惡是格物.

　주자는 격물格物은 '사물에 이르러 그 이치를 궁구하는 것'이
며, 치지致知는 '이미 내가 알고 있는 지식을 더욱 끝까지 미루어
궁리하는 것이다'窮至事物之理 慾其極無不到也라고 해석함으로써 이를
성리학의 종지宗旨로 삼았던 반면, 양명학의 육구연과 왕양명은
'인간의 마음이 곧 이'心卽理라고 주장함으로써 불교의 선禪처럼
본심本心의 자각이야말로 깨달음의 격물치지로 나아가는 방법론
임을 천명하였던 것이다.[20]

　여기서 필자의 의도는 이理와 심心에 대한 학문적 논쟁을 하자
는 것은 아니다. 다만, 성찰사회와 관련하여 마음의 작용에 대
한 원리를 간략히 검토해보고자 한 것이다.

　마음의 작용도 복잡하여 여기서 다 논할 수는 없지만, 마음은
크게 밖으로 '구하는 마음'과 안으로 '비추는 마음'으로 나눌 수
있다. '구하는 마음'에 대한 메타포가 효율성의 근간이라면, '비
추는 마음'에 대한 메타포가 성찰성의 토대인 것이다.

4. '구하는' 마음과 '비추는' 마음

　인간의 대부분 행위는 '구하는 마음'으로 이루어져 있다. 갓난
쟁이가 태어나서 울면서 젖을 달라고 떼쓰는 것도 구하는 마음
이며, 노인이 조금 더 살아보고자 애쓰는 모습도 구하는 마음이

다. 남자는 남자대로 생존전쟁에서 구하고 있으며, 여자는 여자대로 더 잘살아 보기 위해 구하고 있다. 이것은 어쩌면 지극히 당연한 행위이며, 우리 인류가 그동안 발전해온 '추동력'도 바로 이 '구하는 마음'에 있었다고 할 수 있다.

그런데 '비추는 마음'을 강조하는 이유는 '구하는 마음'은 굳이 강조하지 않아도 우리가 일상적으로 추구하는 마음인 데 반해, '비추는 마음'은 애써 강조하지 않으면 잘 안 되는 경향이 있기 때문이다. 또 하나 여기서 중요한 논점은 '비추는 마음'을 강조한다고 해서 '구하는 마음'을 포기하라는 의미는 아니다. 현실생활을 그만둘 수 없으므로 삶을 영위하면서 '구하되' 다만 '비추라'는 것이다.

불교이론에서는 이를 '회광반조'回光返照 '섭심반조'攝心反照라고 불렀다. 밖으로 향하는 관성을 지닌 마음을 내 안으로 되돌려回光 혹은 攝心하여 마음의 본체光明를 밝히라는 것이다. 화두참선에서도 "이것이 무엇인가?"이뭐꼬?라는 화두를 간화看話하면서 "무엇인가, 무엇인가, 이것이 무엇인가, 보고 듣고 숨 쉬고 움직이는 이것이 무엇인가?" 하고 간절하게 참구하면서 자신의 광대무변廣大無邊하고 무량광명無量光明한 본성本性을 밝히라고 한다.

일상생활에서 삶을 영위하던 일은 그냥 해도 된다. 행주좌와行住坐臥 어묵동정語默動靜, 즉 걷고 멈추고 앉고 눕고, 말하고 침묵하고 움직이고 고요한 가운데 다만 '비추라'는 것이다. 일상의 생활 속에서 '그치고' '멈추고' 문득 '비추라'는 것이다. 그러면 '힘'이 생긴다. '비추는 힘'이 생기는 것이다. '득력'得力이 생기면 '비추기'가 한결 쉬워진다. '비추는 힘'이 강해지는 것이다. 이는 '자각의 힘'Sense of Awareness이 커지는 것이라 할 수 있으며, '마음 챙김'Sense of Mindfulness의 명상이 깊어지는 것으로 볼 수 있다. 맑고 깨끗한 마음의 본체本體, 청정심淸淨心이 깊어지는 것이다.

'구하는 마음'을 떠나 '비출' 필요는 없다. 온종일 비추려고 산속에 들어가 있다 해서 온통 비춰지는 것은 아니다. 일상사 속에서 다만 문득 비추는 것이다. '물결'을 떠나 '물'이 따로 존재하는 것은 아니듯이, '중생'을 떠나 '부처'가 따로 존재하는 것은 아니듯이.

5. '비추는' 마음과 '성찰적' 국정관리

성찰적 국정관리나 성찰적 정책학에서도 마찬가지이다. 성찰성을 강조한다고 하여 효율성이나 민주성을 포기하라는 뜻은 아니다. 그리고 포기해서도 안 된다. 효율성과 민주성과 함께 '신뢰받고 성숙한 공동체'를 구현하는 '성찰성'이 강조되어야 한다. 또한 효율성과 민주성은 굳이 강조하지 않아도 이미 행정이념과 정책이념에 착근되어 있다. 반면 성찰성은 새롭게 조명하지 않으면 그 자체가 생경하여 정책학에서 분석의 대상이 되기 어렵다.

'구하는 마음'만으로는 한계가 있다. 구하기만 하는 마음은 만족할 줄 모른다. 구한 뒤에도 '조금만 더' '조금만 더' 계속 더 구하려고만 하여 탐욕greed에 이르게 한다. 반면 '비추는 마음'은 자신을 돌아보는 마음이며, 상대방에 대한 배려심配慮心을 낳고 공동체에 대한 '사랑'love을 낳는다.

'구하기만 하는 마음'은 결코 우리에게 만족을 가져다주지 못한다. 머리頭腦로써 경쟁하고 에고Ego로써 승리하는 마음을 넘어서는 사회적 패러다임이 이제 우리에겐 필요하다. 자신을 비추어 '성찰하고 반성'하며 '배려하고 화합'하는 마음이 없이 인류의식은 여기서 한 단계 더 진화할 수 없다. 그동안 이러한 부분은 개인적 차원의 수양에 맡겨둔 측면이 컸지만, 이젠 국가와 공동체, 정책의 차원에서도 '배려하는 마음'과 '협력하는 마음'에 대한 논의가 본격적으로 필요하다.

6. 성찰하는 마음과 공동체 정신

러시아의 위대한 문호 톨스토이는 《사람은 무엇으로 사는가》《사람에겐 얼마만큼의 땅이 필요한가》《이반 일리치의 죽음》《바보 이반》 등의 작품 속에서 '사랑'의 소중함과 '공동체 정신' 그리고 '죽음'의 의미에 대해서 우리에게 새롭게 조명해주었다. 톨스토이는 우리에게 근로·채식·금주·금연을 표방하는 간소한 생활을 통해 자기완성을 지향하며, 사랑의 정신으로 인류의 존엄성에 기여한다는 '톨스토이 정신'을 실천한 것으로도 유명한데, 그의 작품 활동 초기에《전쟁과 평화》《안나 카레리나》와 같은 불후의 명작을 남겼으나, 오히려 그 이후 '죽음'에 대한 실존적 물음과 '삶'의 무상에 대해 통찰하고,《참회록》《인생록》《사람은 무엇으로 사는가》등의 작품을 통해 인간과 인생의 본질에 깊은 사유와 사랑을 보여주었다. 즉, 이러한 작품세계를 통해 그는 선과 악이 어떻게 존재하고, 물질을 향한 탐욕이 어떤 결과를 불러오며, 인간 내면은 어떠한지 등에 대한 근본적인 물음을 던지고, 그에 대한 해답을 통해 인간과 인생에 대한 깊은 통찰을 보여주었다.

톨스토이가 언급한 이러한 '사랑'이나 '공동체 정신'은 '구하기만 하는 마음'에서는 결코 탄생될 수 없는 것이다. '구하기만 하는 마음'은 만족을 모른다. 그리고 탐욕심貪慾心을 낳는다. 반면 '비추는 마음'은 자신을 돌아보는 마음이며, 경청하는 마음이며, 상대를 배려하는 마음이다. 그리고 사랑love을 낳는다. 지금 이 순간 우리가 '구하기만 하던' 관행을 잠시 멈추고 '비추는 마음'을 새롭게 재조명할 때 우리 사회는 한차례 더 '빛'이 날 수 있을 것으로 생각한다.

제도가 아무리 정교해도 마음이 뒷받침되지 않으면 실패한다. 발전행정과 신제도주의, 그리고 절차적 민주주의의 한계인 것이다. 그동안 '마음'은 심리학적인 주제로서 행정학과 정책학에서 본격적으로 다루어지지 못한 측면이 많았다. 하지만, 앞으로는 협력적 거버넌스의 성공조건으로서 '협력하는 마음'과 '배려하는 마음' 그리고 여기에 바탕을 둔 '문화인자'의 문제를 중요하게 검토할 필요가 있다. 예컨대, 그 일환으로 나타난 것이 거버넌스 공동체에서 성공/실패인자를 1) 정책대상집단의 수요에 기반을 둔 정책설계, 2) 정책동기의 공익성과 소외집단에 대한 소통과 배려, 3) 정책대상집단의 자각적 시민의식과 민주적 정책네트워크에 대한 참여의 문제를 분석한 성찰적 정책모형이라고 할 수 있다.[21]

광우병 쇠고기 파동 사례와 성찰적 정책모형

1. 개 요

2008년 봄 우리나라를 뜨겁게 했던 광우병 쇠고기 파동은 값싸고 질 좋은 쇠고기를 국민에게 공급하고 미국과의 외교 현안인 한미 FTA를 효과적으로 이루기 위한 선결과제로서 취임 첫 해를 맞이하는 이명박 정부가 기획한 정책에서 초래된 사건이다. 이명박 정부가 수입을 허용한 미국산 쇠고기의 일부 부위와 연령대30개월령 이상가 광우병 감염에 취약함을 지적한 일부 미디어 방송이 나가면서 이 정책은 국민의 건강권을 침해하는 조치로 국민들에게 인식되었고, 거센 저항과 함께 촛불시위 등 정책대상집단의 정책수용거부 내지 정권퇴진 요구로 이어지며 일련의 거친 정책불응사태를 초래한 정책실패 사례가 되었다. 우리는 이 사례를 통해 성찰적 공동체의 의미를 다시금 되새겨 볼 수 있다.

2. 쟁 점

쇠고기 파동과 촛불집회의 원인을 제공한 한미 쇠고기 협상과정을 되돌아볼 때, 한국 측이 고려했던 여러 대안들 중에 30개월령 이상의 쇠고기는 처음부터 협상대상에 포함되어서는 안 될 성찰성[22] 부재의 대안이라는 점을 인식하게 된다. 국민의 건강과 생명, 그리고 서민생활에 지대한 영향을 미치는 성찰성 부재의 대안은 그 대안결과협상타결가 가져다주는 매력도FTA로 인한 수출증가가 아무리 높다 하더라도 처음부터 협상대상으로 고려되어서는 안 된다는 점을 여실히 보여주고 있다. 단순한 능률성 잣대로만 보면 둘 간의 비용과 편익을 고려하여서 결정될 수도 있다고 볼 수 있겠지만, 정책학이 지니는 가치로서의 고려가 선행된다면 단순 B/C분석으로 이루어질 사안은 아닌 것이다.[23]

3. 성찰적 정책모형

1) 정책대상집단의 수요에 기반한(Need-based) 정책설계 (Policy Design)인가?

미국산 쇠고기 수입재개 문제는 정책의 입안과 결정과정에서 정책대상집단인 국민 대다수의 정책적 필요와 요구를 보증할 만한 충분한 합의와 국회의 의결과정 없이, 정치권의 정치적 결단과 국가 전략적 판단으로 급하게 진행된 정책이었다. 정책대상집단의 필요성이 명백히 검증되지 않은 사안을 정책으로서 성급히 결정한 과정은 성찰성의 제1조건인 '수요에 기반을 둔' 정책조건에 부합하는 정책이었다고 볼 수 없다.

2) 정책동기의 공익성(Public Benevolence)과 주장집단(Contenders)과 이탈집단(Deviants)에 대한 '소통'(communication)과 '배려'(consideration)가 있었는가?

쇠고기 파동사태에서 정책의 수혜로부터 배제된 집단으로는 국내 한우 및 육우 생산 농가, 학교 급식대상자인 중·고등학생 집단, 어린 자녀의 광우병 노출을 우려하는 주부집단 등을 들 수 있다. 이들은 대부분 정책의 수용을 거부하고 촛불집회에 참여한 소위 주장집단Contenders으로 볼 수 있는데, 소비자로서의 정상적인 상거래를 통해 시장에서 자율적으로 미국산 쇠고기의 구매를 거부할 수 있는 이른바 '자발적 피해 집단'이라고 할 수 있음에도 불구하고 이들이 적극적인 행동으로 정부정책에 대한 수용을 거부한 것은 정책에 대한 강한 '불신'猜忌의 표현이었다고 볼 수 있다. 자신의 '건강권'을 위협할 수 있는 중대한 보건정책의 결정을 이처럼 충분한 정책설명 없이 통과시켜 버리는 '소통'communication의 부재와, 국민의 건강에 직결될 수 있는 민감한 사안을 심각한 고민 없이 졸속으로 처리해 버린 '배려'consideration의 부재에서 나타난 정부의 심각한 '성찰성' 부재에 대한 거센 저항이었던 것으로 분석된다. 성찰성은 그 본질적 속성이 '인간의 존엄성'과 '공동체의 성숙'을 지향하는 바권기헌, 2007: 245, 쇠고기 수입개방 협상 타결 과정에서 보여준 정부의 태도는 정책의 기본이 되는 성찰성을 정면으로 부인하는 모습으로 그들에게는 비춰졌을 것으로 판단된다.

3) 정책대상집단의 자각(自覺)적 시민의식(Awakened Citizenship)의 성숙과 민주적인 정책 네트워크 참여(Policy Network Participation)가 이루어졌는가?

쇠고기 파동사태를 네트워크 거버넌스가 이루어지지 않은 정책집행 사례의 전형으로 보는 데에 큰 이견은 없을 듯하다. 정책결정에 참여한 정책행위자의 범위가 지극히 제한적이어서 중앙정부

내부의 실무자 집단으로 한정되는 행위자 구성의 미흡함을 노출하였다. 정책대상집단에 속한 수혜집단, 주장집단, 보호집단, 이탈집단의 인사 중 어느 하나도 정책결정 네트워크에 비중 있는 행위자로서 참여하지 못하였을 뿐만 아니라, 정책대상집단의 여론이 수렴된 바 없이 새 정부 출범 이후 단기간 동안에 국민적 합의에 이르지 못한 채로 보건정책에 관한 중대한 결정이 내려진 이 사안은 당시 정부의 정책결정 과정의 비체계성과 비성찰성을 보여주는 사례로 지적할 수 있다.

4. 결론 및 함의

문상호·권기헌2009은 "한국 정책학의 이상과 도전: 성찰적 정책모형의 유용성 고찰"이라는 논문에서 이 사례를 성찰적 정책모형이라는 관점에서 분석하였다. 이 논문은 한국 정책학의 정체성이라는 관점 및 한국적 맥락의 정책수용성이라는 관점에서 성찰성의 역할을 음미해 보고, 성찰성의 개념을 정책분석의 기준으로 활용하기 위한 방안을 모색하기 위해 성찰적 정책모형을 구성하고 있다. 또한 성찰적 정책모형의 분석기준이 되는 필요조건들을 논구하고 있다. 본 논문의 분석에서 필자들은 지극히 한국적 맥락의 정책현실에서 발생한 쇠고기 파동과 촛불집회는 단순히 정책불응의 원인분석을 넘어서 한국의 정책설계자가 경청해야 될 좀 더 근본적인 물음을 제시하고 있다고 보고, 그것은 바로 정책의 가치와 목적에 관한 물음이고 정책과정의 의도와 동기에 관한 물음이었다고 보았다. 한국적 정책학의 기저에 흐르는 이 근원적인 희구의 본질을 필자들은 '성찰성'이라고 부르면서, 성찰성이야말로 한국적 정치행정 현실에서 정책대상집단의 마음으로부터의 순응과 정책수용을 이끌어내고 이어서 정책의 성공을 담보할 수 있는 핵심기준이라는 결론을 내리고 있다.[24]

06

정의,
성찰적 공동체,
그리고 거버넌스

1_ 존 롤스의 정의론

2_ 마이클 샌델의 정의란 무엇인가

3_ 자본주의 4.0과 성찰적 자본주의 공동체

4_ 시민주의 공동체 모형과 성찰적 공동체 모형

5_ 성찰적 공동체의 거버넌스: 성찰성을 어떻게 증진시킬 것인가

6_ 성찰적 공동체의 거버넌스: 보건의료 거버넌스 사례

정의, 성찰적 공동체, 그리고 거버넌스

1. 존 롤스의 정의론

존 롤스 J. Rawls는 「정의론」On Justice에서 정의를 관념에서 출발하는 것으로 보지 않고 자연상태 속의 개인들이 이루어낸 최소한의 합의로 보았다. 이러한 합의과정을 거쳐 두 가지 원칙을 도출하였다. 즉, 정의의 제1원리절대적 평등원리: 기본적 자유의 원리와 정의의 제2원리상대적 평등원리: 차등 조정의 원리로 나누고, 차등 조정의 원리는 다시 기회균등의 원리opportunity principle와 차등의 원리 difference principle로 나누었다. 기본적 자유의 평등원리는 모든 사람은 다른 사람의 자유와 상충되지 않는 한도 내에서 최대한의 기본적 자유를 누릴 수 있는 평등한 권리를 의미한다. 차등 조정의 원리 중 기회균등의 원리opportunity principle는 사회적·경제적 불평등은 기회균등이 만인에게 공정하게 개방된 조건 하에서만 존재할 수 있다는 원리이며, 차등의 원리difference principle는 사회적·경제적 불평등은 가장 불리한 입장에 있는 사람에게 최대한 이익이 되도록 조정되어야 한다는 원리이다.

존 롤스는 특정한 정책의 선택을 둘러싸고 이해당사자가 규칙을 정하는 사람이 되어서는 안 되는 따라서 이해당사자들이 어떠한 대안이 자신에게 유리하고 불리한지를 모르는 원초적 입장original position을 설정하고, 이러한 무지의 베일veil of ignorance 하에서 합의되는 일련의 법칙이 정의의 원칙이 되어야 한다고 주장하여 기회균등과 절차적 공정 그리고 최소 수혜자 우선의 원칙을 강조하였다. 즉, 시민의 재능과 능력, 인종과 성별, 종교와 신념 등을 사전에 알지 못하는 무지의 베일 상태에서 공정한 게임의 법칙이 정해져야만 한다고 보았으며, 이러한 원초의 입장 속에서는 두 가지 정의의 원칙이 도출된다는 점을 논증으로 보여주었다. 그 두 가지 원칙은 다음과 같다. 첫째, 각각의 시민들은 적절한 기본적 자유의 틀을 보장받는다. 이 자유의 내용은 모두를 위한 자유의 내용과 양립되는 것이어야만 한다. 둘째, 사회적이고 경제적인 불평등은 두 가지 조건 아래에서만 용인될 수 있는데, 그것은 1) 모든 지위와 직책이 모두에게 반드시 동등한 기회 하에 모두에게 개방되어 있어야만 한다는 것과 2) 경제적 불평등의 시정은 최소 수혜자에게 최대이익이 되도록 조정되어야만 한다는 것이다.

존 롤스의 정의론은 절대적 평등과 상대적 평등을 조화시켜 새로운 평등이론을 제시한 것으로 평가받고 있다. 특히 존 롤스가 제시한 정의의 원칙은 어떤 가치를 배정함에 있어서 가장 불리한 여건에 처해 있는 사람들the least advantaged에게 가장 큰 혜택이 갈 수 있도록 배정해야 한다는 원칙을 제시함으로써 많은 반향을 일으켰다. 이는 경제학적 사회후생함수Social Welfare Function의 관점에서 보면 '최대다수의 최대행복'이면 사회의 총후생함수가 상승한다는 공리주의Utilitarian적 후생함수의 개념이 아니다. 한 사회의 총후생함수는 그 사회에 존재하는 가장 불리한 계층, 즉 기저층基底層의 후생함수에 의해서 좌우된다는 레온티에프Leontief적 후생함수의 개념을 취한 것이라 볼 수 있다. 예를 들어, 범죄예방을 위한 예산을 배정함에 있어서 그 우선순위는 최근 일정한 기간 동안에 가장 범죄가 많이 발생한 지역에 가장 많은 예산이 배정되도록 하여야 한다고 주장하는 것은 롤스의 정의의 원칙에 입각한 것이다. 이러한 정의의 개념은 형평의 관점에서 공익을 바라본 것이라고 할 수 있으며, 이는 현대 행정이념에서 본질적 행정이념에 해당하는 개념이라고 하겠다.

2. 마이클 샌델의 정의란 무엇인가

마이클 샌델M. Sandel은 「정의란 무엇인가」What is Justice를 통해 최근 우리사회의 정의라는 관념에 큰 반향을 일으켰다. 이 책은 출간 된 지 3개월 만에 32만 부가 팔려나갈 정도로 대단한 베스트셀러가 됐다. 이는 많은 사람들이 '정의'에 관심을 가지고 있다는 것이다. 이처럼 '정의'에 사람들이 많은 관심을 가지는 이유는 무엇일까? 이는 혹시 우리가 살고 있는 사회가 정의롭지 않다고 느끼기 때문은 아닐까?

하버드 대학의 마이클 샌델 교수는 '아리스토텔레스를 옹호하고, 칸트부터 롤스에 이르는 자유주의 전통을 비판하는' 방식으로 철학계에 파장을 일으켰다. 아리스토텔레스는 정의란 사람들에게 그들이 마땅히 받을 자격이 있는 것을 주는 것이라 가르친다. 누가 무엇을 받을 자격이 있는지를 결정하려면, 어떤 미덕에 포상을 줘야 하는지를 정해야 하며, 따라서 가장 바람직한 삶의 방식부터 심사숙고해야 무엇이 정의인지 알 수 있다는 것이다.[25]

마이클 샌델은 이 책에서 정의를 이해하는 세 가지 방식으로서 행복, 자유, 미덕을 들면서, 정치적으로 중요한 결정들과 현실생활에서 고민하게 되는 구체적 사례들을 통해 정의를 설명한다. 예를 들어, 고대 로마 콜로세움에서 시행되어진 사람을 사자의 우리에 던져 넣는 행위의 정당성, 허리케인으로 인해 일어난 가격폭리의 정당성, 콩팥과 같은 자신의 장기를 내어 파는 장기매매 행위의 정당성, 임산부를 돈으로 사는 대리모행위의 정당성, 또 금융 위기에 무분별한 투자로 파멸을 초래한 AIG 그룹에서 정부의 막대한 자금 지원금으로 부서 임원들에게 상여금을 지급한 일의 정당성 등 이와 같은 문제들을 세 가지의 판단 기준으로 설명하는 것이다.

정의를 '최대다수의 최대행복'의 기준으로 볼 것인가, 아니면 '자신이 하고 싶은 일을 할 수 있게 하는 자유'로서 볼 것인가, 아니면 '공동선으로서의 미덕'으로 볼 것인가? 저자는 정의로운 사회를 이루기 위해서는 사회 행복을 극대화하는 공리주의나 개인의 자유를 보장하는 자유주의로는 부족하며 '좋은 삶은 무엇이냐'는 공동선을 고민해야 한다고 제안한다. 정의란 공리주의나 자유주의와 같은 하나의 잣대로만 접근할 수 있는 단순한 문제가 아니라 공동체의 미덕이라는 본질적인 준거準據 속에서 이해해야 한다는 것이며, 정의로운 사회라면 미덕과 좋은 삶에 대한 견해를 분명히 해야 한다는 것이다.

마이클 샌델의 주장은 '시민적 공화주의'라고 부를 수 있는데, 이는 개인의 자유를 바탕으로 한 '공동선'共同善을 중시하는 입장이다. 개인의 자유는 기본적으로 존중되어야 할 가치이지만, 이는 필연적으로 자신을 둘러싼 환경과 주위 사람들에 의해 상당 부분 영향을 받으므로, '시민'市民과 '자치'自治라는 개념이 중요하며, 따라서 이때 시민이란, 공동선共同善에 대해 함께 고민하고 '자율自律이 얼마나 중요한 개념인지' 서로 공유하는 구성원을 뜻한다고 하겠다.[26]

마이클 샌델에 의하면 정의란 단순한 좌left도 우right도 아니며, 자유freedom도 평등equality도 아니다. 개인주의나 공동체주의와 같이 어느 한쪽 극단으로 치우친 것이 아닌 미덕을 바탕으로 한 '공동선'의 고려가 중요하다는 것이다. 개인의 자유는 필연적으로 주변 사람들이나 환경에 영향을 받으므로 정의의 실현을 위해서는 '시민공동체'의 공동선common good 혹은 덕성virtue을 증진시킬 필요가 있다는 것이다. 또한 '무엇이 옳은가?' '무엇이 바람직한 삶의 방식인가?'를 말해주는 도덕과 규범의 역할이 중요한데, 이를 위해서는 여럿이 함께 대화하며 무엇이 미덕인지, 무엇이 최선의 삶인지 고민하는 공적 토론의 활성화가 필요하다고 보았다. 정부의 역할로는 공공교육public education이나 공공보건public health, 공공교통public transportation이나 공중공원public park과 같은 공공시설에 대한 투자를 통해 시민의 공동체에 대한 공적 인프라를 튼튼히 하는 것이 중요하다고 보았다.

정의, 공익과 유사한 용어로 공정성fairness 혹은 공평성equality
이 있다. 이명박 정부에서도 공정한 사회를 중요한 통치이념의
하나로 추진하고 있다. 이는 정의라는 철학적 관념을 실천적 차
원에서 한발 더 나아간 개념이라고 볼 수 있다. 공정한 사회라
고 했을 때 공정의 의미는 둘 또는 그 이상의 개인·집단 또는
지역들이 동등하게 취급받는 것을 의미한다. 이러한 공정은 '포
괄적 공정'과 '제한적 공정', 그리고 '개인적 공정'과 '집단 간 공
정'으로 분류하여 이해할 수 있다.

첫째, 제한적 공정 vs 포괄적 공정이다. 제한적 공정은 어떤
자격조건을 가진 사람들 가운데에서의 평등을 의미하며, 포괄적
공정은 그 카테고리의 범위를 넓혀서 좀 더 넓은 범위에 속하는
사람들이 모두 동등하게 취급받아야 한다는 평등을 의미한다.

둘째, 개인적 공정 vs 집단 간 공정이다. 개인적 공정은 어떤
개인들이 속하는 집단을 몇 개의 상호 배타적인 하위집단들로
나눌 때, 이들 하위집단들 간이 아니라 각 하위집단 내에 속한
개인들이 다른 개인들과 동등한 취급을 받는 것을 의미하고, 십
단 간 공정은 하위집단들이 서로 동등하게 취급되는 것을 의미
한다.

이처럼 이제 한국사회도 정의의 문제, 즉 공정성이라고 하는
문제가 국정관리에 있어서도 깊숙이 논의되는 시점에 이르렀음

을 알 수 있다. 따라서 향후 국정관리와 정책학을 연구하는 관점에서도 이러한 '정의' 혹은 '공정한 정도'와 관련하여 시민 혹은 정책대상집단들이 느끼고 수용하는 정도에 대한 심층적인 연구가 필요할 것으로 보인다. 특히 한국 정책현상 혹은 행정현상의 근저에 깔린 한국인의 보편적인 정서情緒, 심리心理 혹은 문화인자 DNA에 대한 심층적인 연구가 필요하며, 이를 위해 앞으로는 행정학과 정책학 연구에 심층적 인지학적 접근, 문화인류학적 고찰, 그리고 심리학적 접근이 좀 더 통합될 필요가 있을 것이다.

이러한 관점에서 최근 한국연구재단의 지원을 받은 성균관대 국정관리대학원 유민봉 교수팀에서는 한국의 국정관리에 대한 심층이해의 한 방안으로서 한국행정의 문화유전자에 대한 연구를 진행하고 있어 결과가 주목되며, 문상호·권기헌2009: 1-27은 한국적 정책맥락에서의 정책수용성을 높이기 위해서는 사회적 구성주의에 기초한 성찰적 정책모형이 개발·적용될 필요가 있음을 제기한 바 있다. 특히 정부정책결정을 신뢰하지 못하여 발생한 광우병 쇠고기 파동과 같은 사례는 미국의 정책이론 혹은 경제이론의 도구적 적용으로는 한국인의 정서情緒에 기초한 근원적인 흐름을 파악하기 어렵다는 점을 제시한 바 있다. 향후에도 성찰적 국정관리와 민주주의 정책학의 실현을 위한 다양한 문화인자 및 정책모형에 대한 연구가 필요하다고 하겠다.

3. 자본주의 4.0과 성찰적 자본주의 공동체

최근 공정, 정의, 협치와 함께 '자본주의 4.0'이라는 용어가 화두로 등장하고 있다. 이는 경제평론가 칼레츠키A. Kaletsky의 저서 「자본주의 4.0」Capitalism 4.0에서 유래된 용어이다. 그는 이 저서에서 서구자본주의의 진화과정을 네 단계로 설명하면서 2008년 세계 금융위기 이후 자본주의 4.0 시대가 시작되었다고 지적했다. 자본주의 1.0은 자유방임 고전자본주의, 자본주의 2.0은 정부주도 수정자본주의, 자본주의 3.0은 시장주도 新자유주의, 자본주의 4.0은 소통과 배려와 덕행에 기초한 열린 공동체를 강조하는 따뜻한 자본주의라는 것이다. 말하자면, 자본주의 4.0은 자본주의의 극심한 폐해 속에서 나타난 양극화 현상, 중산층의 붕괴, 비정규직·중소기업·빈곤층 등 신자유주의의 전全 지구적 무한경쟁 속에서 탈락한 패자敗者가 우리 사회의 불안 요인으로 떠오르면서, 자본주의 3.0으로는 도저히 지속가능 Sustainable히기 못하게 되자 그에 대한 대안으로서 모색하게 된 성찰적 패러다임이라고 볼 수 있다.

자본주의 4.0

자본주의 4.0은 무한경쟁의 신자유주의 패러다임자본주의 3.0에 대한 반성과 성찰의 결과이다. 20세기 초 자유방임의 고전자본주의자본주의 1.0는 1930년대 대공황 이후 정부가 적극 개입하는 수정자본주의자본주의 2.0를 불러왔고, 1970년대 들어 등장한 자유시장 자본주의신자유주의, 자본주의 3.0는 사상 최대의 물질적 풍요를 가져왔지만 심각한 빈익빈貧益貧 부익부富益富의 문제점을 노출시켰다. 자본주의 4.0시대엔 기업시장의 이윤추구는 존중하되 고용과 나눔 등 사회적 책임을 강조한다.27

한국자본주의 역시 네 단계의 진화 과정을 밟아 왔다. 한국자본주의 1.0은 자유민주주의와 시장경제를 표방했으나 제대로 실현되지 못했으며, '빈곤으로부터의 탈출'을 목표로 했던 한국자본주의 2.0은 강한 정부와 시장경제를 기반으로 '한강의 기적'이라는 초고속 압축성장을 이루는 데 성공했다. 정치 민주화로 시작된 한국자본주의 3.0은 한국에서 처음으로 자유민주주의와 시장경제의 기반을 닦는 계기가 되었으며, IT강국은 물론 G20 의장국이라는 성과를 거두었다2010년에 한국은 UN 세계전자정부 평가에서 1위를 기록하였다. 실로 한국은 현대사의 우등생이었다. 세계 최빈국으로 현대사에 가입한 한국은 21세기 문턱을 넘은 지금 세계 10위권 경제대국으로 올라섰다. 하지만 이 과정에서 한국은 현재 극심한 양극화 현상과 급속한 중산층 붕괴 현상을 목격하고 있다. 한국자본주의는 새로운 도전에 직면하고 있는 것이다. 지금 우리에게 필요한 자본주의는 승자독식勝者獨食, 우승열패優勝劣敗의 먹이사슬을 끊고, 키 높은 침엽수에서부터 바닥의 이끼까지 모두 제 역할을 할 수 있는 공생共生의 생태계 숲처럼 새로운 상생相生의 성찰적 자본주의 패러다임이라고 하겠다.[28]

한국자본주의 4.0의 키워드는 소통, 배려, 덕행에 기초한 공존, 공생 그리고 상생의 공동체이다. 이러한 새로운 패러다임이 정착되기 위해서는 무엇보다 대화와 타협, '사랑 나눔'의 사회문화가 형성되어야 한다. 자본주의 2.0에서는 정부의 역할이 강조된 톱다운Top-down 방식의 정부 관료제모형이었다면, 자본주의 4.0에서는 기업의 역할이 부각되며, 정부와 기업 그리고 시민사회의 신뢰와 협동을 기초로 한 성찰적 거버넌스Governance 공동체가 강조된다. 이러한 과업은 거버넌스의 투명성transparency와 책임성accountability 제고, 의사소통communication 구조의 개선, 지속가능한 복지sustainable welfare 등을 토대로 한 상생相生의 공동체 구축이 이루어질 때 성공적으로 실현될 수 있을 것이다.

4. 시민주의 공동체 모형과 성찰적 공동체 모형

  공동체 정신을 강조한 거버넌스 모형으로는 시민사회중심 거버넌스가 있다. 이들이 내세우는 시민주의 공동체 모형은 신우파의 자원봉사모형volunteerism과 신좌파의 시민주의모형civicism으로 나누어지는데정정길, 2000: 515-523, 먼저 신우파의 공동체 모형은 자원봉사주의에 기초한 공동체 형성이 중요하다고 보고 있다. 즉, 공동체의 공동문제를 해결하기 위하여 아무런 대가없이 시간과 노력뿐만 아니라 돈까지도 제공하려는 구성원들은 충분히 있으므로 이들 자원봉사자들에게 적합한 명분이나 사회적 명예를 제공하면 이들은 헌신적으로 공동체를 위하여 기여할 것이라는 주장이다. 하지만, 대부분의 구성원들은 공동체의 공동문제해결에 자발적으로는 참여하지 않는 게 문제이다. 소위, 하딘Hardin이 말하는 '공유재의 비극'Tragedy of Commons 혹은 '무임승차'Free-riding의 문제점 때문이다.

  이러한 신우파의 공동체 모형의 한계를 극복하고 적극적인 참여증가를 위해 정부가 주도하여 시민의 덕성civic virtue을 함양해야 한다는 신좌파적 시민주의 공동체 모형이 제기되었다. 즉, 덕성 있는 시민을 양성해야만 공동체가 다시 살아날 것이며, 공동체주의의 이상이 실현될 수 있다고 하는 것이다.

  이러한 시민주의 공동체 모형그리고 위에서 제시한 마이클 샌델의 시민적 공화주의 모형은 정의로운 국가, 그리고 그러한 국가를 실현하기 위해 요구되는 '성찰적 공동체'를 만들어 가고자 하는 본서의 취지에서도 매우 주목할 만한 내용이라고 생각된다. 다만, 본서에서 강조하는 성찰사회란 개념적 도구는 다음과 같은 점에서 특징이 있다.

첫째, 성찰사회는 개인 차원과 공동체 차원으로 나누어서 제시되며, 특히 '깨어있는' 개인과 공동체를 실현하기 위한 방안이 강조된다. 즉, 개인 차원에서는 자아실현과 자아완성의 가능성이 실현되는 사회, 공동체 차원에서는 신뢰받고 성숙한 공동체가 실현되는 사회를 제시한다. 따라서 성찰사회는 단순히 공동체주의만 강조하는 게 아니라 개인의 자유를 바탕으로 한 공동체 정신이 필요하다고 보며, 궁극적으로는 개인의 자유와 존엄이 실현되는 사회를 지향한다.

둘째, 개인 차원과 공동체 차원의 공통요소로서는 지智와 덕德에 대한 증진이 필요하다고 보며, 이를 위한 방안이 강구되어야 한다고 본다.

셋째, 개인 차원과 정부 차원의 역할이 다를 수 있다.

개인 차원에서는 '시민'과 '자치'를 실현하는 공화정 민주주의의 최소 장치로서 시민의 덕성과 미덕이 요구되지만, 사실 성찰사회를 실현하기 위한 지智와 덕德의 문제는 이보다 더 근원적인 것을 다루고 있다. 즉, 개인 차원에서 지智와 덕德은 개인의 삶에서 '구하는 마음'과 '비추는 마음'의 조화를 토대로 자신의 삶을 실현자아실현하고 완성자아완성시켜 나아가려는 치열한 노력으로부터 구해지는 것이라고 본다. 물론 이것은 개인 차원의 문제로서 정부가 관여할 수 있는 성질의 것은 아니지만, 정부는 시민의식의 각성과 공동체의 참여 및 숙의를 권장하는 과정에서 이를 간접적으로 지원하고 육성하는 프로그램을 장려할 필요가 있다.

공동체 차원에서 성찰적 공동체를 실현하기 위한 지智와 덕德의 증진 문제는 여러 가지가 있겠으나, 본서에서는 사회학에서 다루는 성찰적 근대성의 문제와 함께 행정학에서의 성찰적 국정관리, 정책학에서의 민주주의 정책학을 본질적으로 숙고할 필요가 있음을 제시한다.

넷째, 현대 행정학 및 국정관리에 있어서 거버넌스 및 정책 네트워크 구현 시 그 안에 참여하는 제도, 행위자, 집단들 간에 어떻게 성찰성을 증진시킬 것인가에 대해서는 바로 다음 절에서 논의하기로 한다.

다섯째, 현대 정책학 및 민주주의 정책학에서는 궁극적으로 인간의 존엄성 실현을 강조한다. 이를 위해서는 정책분석의 기준으로서 성찰성을 중요하게 고려해야 하며, 정책대상집단의 '마음'을 고려한 심리적 '수용성' 문제가 정책분석의 관점에서 공식적인 분석변수로 포함될 필요가 있다. 정책대상집단에 대한 '마음'과 '수용성' 문제는 다시 둘로 나누어서 분석될 수 있는데, 1) 정책대상집단에 대한 배려consideration 및 소통communication의 정도, 2) 정책대상집단의 수용조건acceptive con-

ditions과 수용가능성acceptibility 등이 분석에 포함되어야 한다.
여섯째, 인간의 존엄성 실현의 조건에 대한 성찰성 분석으로는 개
인 차원에 대한 분석으로서 1) 정책의 수요분석: 정책대상집
단의 수요에 기반을 둔 정책설계인가, 2) 정책의 동기분석:
정책동기의 공익성과 소외집단에 대한 배려가 있는가에 대해
서 분석해야 하며, 또한 공동체 차원에서 신뢰받고 성숙한 공
동체 실현의 조건으로서 3) 정책의 거버넌스 분석: 정책대상
집단의 자각적 시민의식의 성숙과 민주적 정책네트워크에 대
한 참여가 이루어지고 있는가에 대해 분석할 필요가 있다.

5. 성찰적 공동체의 거버넌스: 성찰성을 어떻게 증진시킬 것인가

현대 국정관리에 있어서 정책이슈별로 거버넌스를 구현하는
경우가 늘고 있다. 이러한 거버넌스 구현 시 거버넌스 공동체
내에서 성찰성을 어떻게 증진시킬 것인가에 대한 수단적 기제
는 다음과 같다.

첫째, 시민들의 효과적 참여를 위해 정부 정책과 관련한 정보가 개
방적이어야 하며, 투명성과 책임성을 토대로 신뢰성이 담보
되어야 한다.

둘째, 전자정부와 지식정부에서 활용하는 제반 기제들, 지식관리시스템KMS, 스마트폰Smart Phone, 트위터Twiter, 페이스북 Facebook 등의 소셜네트워크SNS 및 현대적 미디어 기제들을 충분히 활용하여 담론Public Dialogue기능과 공공영역Public Space의 장을 활성화시켜야 하며, 이를 토대로 충분한 참여와 숙의에 기초한 정책결정이 되어야 한다. 이는 조직참여자들의 지식이 반영됨으로써 시민과 정부 상호 간 성찰성의 증진이 가능하게 만들며, 효과적인 정책결정 및 권한부여em-powerment, 순응비용compliance cost 및 거래비용transaction cost의 감소를 통해 정책수용성을 강화시켜 줄 것이다.

셋째, 시민과 정부관료 간 대화과정을 통해 정부 정책이 결정되어야 하며, 정부부문과 민간부문의 공사협력적 거버넌스 및 정책네트워크의 상호작용을 통해 성찰성 증진으로 이어져야 한다.

넷째, 제도설계, 제도 간 연계 및 조정을 통해 제도적인 질서와 균형을 유지하여 성찰적 거버넌스 체제 기능이 제대로 작동하도록 해야 한다.

다섯째, 공적 부문과 사적 부문, 정부와 기업, 시민사회 간에는 진정한 신뢰와 등권을 기초로 거버넌스 공동체가 유지될 수 있어야 하며, 특히 이러한 공동체 안에서 형성되는 다양한 정책공동체는 상호 '진정성'에 기초한 '마음'의 교류의 장場으로 기능하여야 한다. 이를 위해서는 정책공동체의 체제, 제도 및 행위 양식의 신뢰성/투명성, 진정성/책임성 확보가 중요한 바, 이를 실현하기 위해서는 정책공동체에 참여하는 각 행위자actor 및 집단group들에 대한 수요needs분석과 동기motives 분석, 즉 1) 배려, 2) 소통, 3) 수용조건, 4) 수용가능성 등에 대한 사전분석을 병행하는 것이 바람직하다. 또한, 투명하고 책임 있는 제도적 장치의 지속적 보정補正을 통해 정책행위자들 간에 진정한 성찰적 역량이 증진될 수 있도록 지속적인 제도적 개선방안feedback이 모색되어야 한다.

6. 성찰적 공동체의 거버넌스: 보건의료 거버넌스 사례

우리 사회도 이제 다양한 집단의 이익이 분출하고 이해관계가 상충되는 다원사회로 들어섬에 따라서 거버넌스 공동체에서 상호 이해관계 및 갈등을 조정·화합해야 하는 거버넌스 공동체 모형의 중요성이 증대되고 있다. 예컨대, 노동분야에서 노사정위원회, 복지분야에서 보건의료체계, 산업분야에서 정부, 국회, 이익단체 등이 모여서 의견을 조정해야 하는 지식경제위원회 등과 같은 하위정부모형 등이 거버넌스 공동체 모형이라고 할 수 있다.

이러한 거버넌스 공동체 혹은 정책공동체에서 이해관계를 조정할 때 단체와 단체 혹은 행위자들이 서로 '마음'의 문을 열고 상대방의 입장을 '배려'하면서 '소통'을 증진시키는 성찰적 역량이 매우 긴요하다.

이는 우리 사회의 성찰의식의 증가 정도에 비례하는 것이기도 하지만, 제도적으로 상호 정보의 투명성과 신뢰성을 통한 책임 있는 규칙들이 상호 배려consideration 및 호혜성reciprocity의 원칙하에 마련됨으로써 최소한의 성찰성 장치들이 제공될 필요가 있다. 또한 행위자 및 집단들 간의 수요분석과 동기분석에 대한 정책분석이 사전에 이루어져 상호 조율될 필요가 있다.

성찰적 공동체의 거버넌스 사례:
건강보험개혁을 위한 보건의료미래위원회

1. 개 요

성찰적 공동체의 거버넌스의 예로 최근에 일어나고 있는 보건의료체계 거버넌스 사례를 들 수 있다. 2011년 4월 정부보건의료 주무관청인 보건복지부와 재정담당기관인 기획재정부는 의료공급자, 국민 등 거버넌스 행위자들과 함께 지속가능한 보건의료체계를 만들기 위해 보건의료미래위원회를 발족시켰다. 의료문제는 3자의 이해가 충돌하면서 최근 한국 사회의 대표적인 갈등으로 떠올랐는데, 최근 10년간 매년 10% 이상씩 의료비 지출이 늘면서 지속가능성에 대해 위기신호가 들어온 상태이다. 2010년 1조 3,000억 원 적자를 기록한 데 이어 2011년 5,000억 원의 적자가 예상되는 등 만성적 재정위기를 맞고 있으며, 병원의사는 병원의사대로 낮은 진료

수가의 문제를 진료횟수를 늘려서 소득을 보전하려는 데서 오는 고통이 뒤따르고, 환자들은 환자들대로 진료시간도 짧고 의료서비스의 질도 낮은 데 대한 불만이 팽배해 있는 실정이다. 특히 큰 병에 걸리면 의료비 탓에 빈곤층으로 추락하는 비율은 18%나 된다. 사정이 이렇다 보니 보건의료문제는 의사와 약사, 의사와 국민, 정부와 국민 그 어느 누구도 만족시키지 못하는 거버넌스 시스템이 되고 말았다.[29]

2. 쟁점 및 방안

어떻게 해야 할까? 불합리한 의료체계를 개편하고 지속가능한 건강보험을 설계하는 범사회적 거버넌스 체제인 보건의료미래위원회를 발족한 일은 매우 바람직해 보인다. 새로 발족된 보건의료미래위원회가 성찰적 거버넌스 체제로 정착하려면, 그리고 이러한 거버넌스 체제 안에서 지속가능한 정책대안을 마련하려면 앞으로 어떤 자세와 과제가 필요할까?

첫째, 지속가능한 보건의료체계를 만들려면, 정부, 의료공급자, 국민 등 3자가 고통을 분담해야 한다.

둘째, 각 행위자 및 단체들은 역지사지易地思之의 심정으로 상대방의 입장을 배려해야 한다. 특히 병원과 의료인들은 좀 더 혜택 받은 계층이고 사회지도층인 만큼 우리 사회의 저소득층을 위해 먼저 자신들의 이해를 양보하는 데 앞장

서야 한다.

셋째, 각 행위자 및 단체들은 상호 진정성에 기초한 대화 및 소통의 장을 활성화해야 한다. 사실fact과 자료data에 기초한 분석 및 투명한 정보 교류를 통해 지속적인 대화의 장치를 마련하고 현상을 타개할 수 있을 개선책에 대해 보완해 나가야 한다.

마지막으로, 좀 더 치밀한 수요분석, 동기분석과 함께 각 행위자 및 단체들 간의 이해관계를 조율하는 한편 과학적 미래예측을 통한 재원조달방안도 강구해야 한다. 의사가 진료할 때마다 수가를 주는 행위별 수가제를 포괄수가제나 총액계약제로 바꾸는 지불제도 개편방안과 경제협력개발기구OECD 국가 가운데 최고 비중인 약제비를 낮추는 방안도 마련해야 한다. 또한, 날로 증가하고 있는 민간보건과 건강보험의 역할을 정하고 2020년까지의 국민의료비를 예측해 재원조달방안도 마련할 필요가 있다. 이와 함께 인턴제 폐지 등 의사 교육시스템을 개선하고 응급재활 등 시장에 맡기기 어려운 분야에 대처하는 공공의료 발전 방향도 모색되어야 할 것이다.

07

무엇을 성찰할 것인가:
성찰공동체의 내용으로서의
지(智)와 덕(德)

1_ 성찰사회의 내용으로서의 智와 德: 개인적 차원

2_ 성찰사회의 내용으로서의 智와 德: 공동체 차원

CHAPTER

07

무엇을 성찰할 것인가: 성찰공동체의 내용으로서의 지(智)와 덕(德)

성찰사회의 내용으로서의 지와 덕에 관한 문제는 개인적 차원과 공동체 차원으로 나누어서 논의할 수 있다.

1. 성찰사회의 내용으로서의 智와 德: 개인적 차원

성찰사회는 개인적 차원에서 인권, 정의, 존엄이 지켜지고 자아실현과 자아완성이 실현될 수 있는 가능성과 기회가 최대한 열려있는 사회이다. 그리고 그러한 가능성과 기회를 증진시키기 위해 모든 노력을 아끼지 않는 사회이다.

개인의 자아완성은 지덕체의 강화와 합일로써 일어난다. 플라톤은 이를 이성logistikon, 용기thymos, 욕망epithymetikon이 발생하는 머리, 가슴, 복부다리의 기능이 탁월하게 발휘되면서 조화를 이루는 것으로 표현하였다.

개인의 자아완성은 학식, 지위, 재력 등과 같은 성취가 높다고 해서 일어나는 것은 아니다. 플라톤은 이를 이성, 용기, 욕망과 지, 덕, 체의 합일로 명시함으로써 이러한 논점을 분명하게 구분하고 있다.

지혜와 덕성이 인간의 정신마음을 대변한다면, 체력은 인간의 육체신체를 대변한다. 지혜가 좌뇌의 이성과 합리성을 표현하는 것이라면 덕성은 우뇌의 감성과 통찰력혹은 덕행과 책임감을 지칭한다. 따라서 개인의 인격완성은 건강한 체력적 기초 하에서 좌뇌와 우뇌, 이성과 감성, 합리성과 통찰력이 합일된 상태를 의미한다.[30] 특히 그동안 우리는 체력과 이성의 강화에는 개인적으로 노력해 왔으나 덕행과 책임감이 상대적으로 부족하지 않았나 생각된다.

머리와 신체 부분, 즉 지능의 개발, 지식의 축적, 신체의 건강에 대한 중요성은 쉽게 이해해 온 편이나, 가슴 부분, 즉 덕행과 책임감의 강화에는 상대적으로 관심을 덜 가졌다고 볼 수 있다.

즉, 상대방 입장을 배려하고 이해하는 마음, 정직하고 투명한 마음, 상대방을 탓하기 전에 자신의 책임을 살피는 마음, 스스로에 대한 책임과 책무를 살핌으로써 보이지 않는 덕행을 쌓는 마음 등은 상대적으로 약하지 않았는지 반성해 볼 필요가 있는 것이다.

1) 도덕과 덕행의 개념

도덕이란 "사회를 이루어 살고 있는 인간이 마땅히 지켜야 할 규범적 기준"을 의미하며, 법률과 달리 각자의 내면적 원리로서 작용하며 또한 종교와 달리 초월자와의 관계가 아닌 인간 상호 간의 관계를 규정한다.

덕德에 대한 사전적 정의를 보면, 덕이란 "도덕적·윤리적 이상理想을 실현해 나가는 인격적 능력" 혹은 "도덕적·윤리적 선善에 대한 의지意志의 항상적 지향성恒常的 指向性 및 선善을 실현하는 항상적 능력恒常的 能力"이라고 되어 있다. 도덕과 윤리 그리고 선에 대한 내면의 인격을 의미하며, 항상적 지향성이라는 데서 보듯이 옳고 바람직한 것을 추구하는 일관된 근본 성품을 지칭하는 것임을 알 수 있다. 덕성은 "어질고 너그러운 성질"이라고 할 수 있으며, 이것이 특히 공동체나 공동선公同善을 향했을 때 우린 미덕美德이라고 부르고 이에 기초한 행동을 덕행德行이라고 부르게 된다.

아리스토텔레스Aristotle는 덕arete이란 사람이 갖추어야 할 훌륭한 상태로 보았다. 모든 사람들이 추구하는 행복이란 바로 이러한 덕arete의 힘에 기초한 활동으로 자연스럽게 나타난 상태라고 하여, 인간이 갖추어야 할 최고의 품성을 덕으로 보았다.

노자는 도덕경에서 "도道는 만물을 낳고道生之, 도의 힘인 덕德은 만물을 기른다德畜之"하여, 덕을 만물의 '근원적 힘', '내적인 힘', '내면의 온전한 힘'으로 보았다. 덕이 있어 도가 가능하고, 덕이 있어 만물을 기른다. 도는 만물의 근원에 존재하는 보편적 원리라고 보았다면, 덕은 도를 체득함으로써 얻게 되는 최고의 품성과 힘, 예컨대, 겸손·유연·양심·질박·무심·무욕을 몸에 익히고 행동으로 실천하는 것으로 보았다. 즉, 사람이 사람 되게 하고, 국정리더가 리더 되게 하는 힘이 덕이라고 할 수 있는 것이다.

2) 덕德, 근본적 원리원칙을 사수할 수 있는 힘

덕德은 원리원칙을 사수할 수 있는 힘이다. 즉, 세상 풍조에 현혹되지 않고 원리원칙을 사수할 수 있는 힘이라고 할 수 있다. 원리원칙에 입각한 철학을 확실히 세우고, 그에 따라 살아가는 삶이란 결코 쉽지 않다. 그것은 때론 자기절제와 자기규율을 의미하는 것이기도 하며, 손해와 희생을 요하는 고난의 길이기도 하다.

일본의 위대한 기업가라고 불리는 교세라 창시자, 이나모리 가즈오는 그의 저서 《카르마 경영》에서 "원리원칙에 따르는 삶이란, 두 가지 길 가운데 어느 쪽을 선택하면 좋을지 몰라 고민이 될 때, 자신의 이익을 앞세우지 않고, 아무리 힘든 일이 많은 가시밭길이더라도 '모름지기 가야할 길'을 선택하는, 어떻게 보면 우직하고 요령 없어 보이기도 하는 그런 삶"이라고 말한다. 하지만 이런 삶이 우직하고 고통만을 요구하는 삶은 아니다. "장기적인 안목으로 보면 확고한 철학에 근거한 행동의 결과는 결코 손해가 나지 않는다. 일시적으로는 손해처럼 보여도 결국은 반드시 '이익'이 되어 돌아오며, 크게 길을 잘못 드는 일도 없다"고 말한다.[31]

아리스토텔레스는 덕을 도덕적인 덕과 지적인 덕으로 구분한다. 도덕적 덕은 중용의 덕으로서 용기, 절제, 관용 등을 들었으며, 지적인 덕으로서 학문, 이성, 지혜 등을 들었다. 특히 지혜는 이성과 학문이 합쳐진 것으로서 최고의 것을 지향하고 있는 최고의 덕으로 보았다. 또한 그는 인간이 공동체 생활을 함에 있어서 요구되는 덕목으로 정의와 우애를 들고 있다. 정의는 타인과의 관계에서 성립하므로 '타인의 선善'이라고 보았으며, 우애는 정의를 포용하고 초월하여 공동체 생활의 기초를 이루면서 선을 바탕으로 한 공동선公同善의 목적을 실현한다고 하여 공동체에 기초한 사랑love과 우애友愛와 같은 공동선의 휴머니즘을 강조하였다.

3) 덕德에 관한 몇 가지 사유

(1) 덕德은 스스로를 내세우지 않는다

덕은 자신을 낮추며 스스로를 내세우지 않는다. 벼슬과 학식을 자랑하지 않으며 겸손한 가운데 자연 드러나는 것이다.

노자는 "나에게는 세 가지 보물이 있으니, 영원토록 간직하고 소중히 여길 것이다. 첫째는 인자함이고, 둘째는 검소함이며, 셋째는 남의 앞자리에 서지 않는 것이다."라고 말했다. 인자하기에 두려움 없이 용감할 수 있고, 검소하기 때문에 오히려 풍족할 수 있으며, 남의 앞자리에 서지 않기에 만물의 우두머리가 될 수 있다"는 뜻으로, 노자가 말한 이러한 세 가지 보물은 도와 덕의 사회적 실천을 뜻하는 것으로 볼 수 있다.

(2) 덕德은 고요한 데서 길러진다

덕은 고요한 데서 길러지며, 자신을 드러내지 않는다. 내면의 덕은 분주함을 추구하지 않으니 고요함 속에서 내면의 힘이 차츰 하나씩 축적되어가는 것이다.

노자는 말한다. "마음을 끝까지 비운 다음致虛極 지극히 고요한 경지를 유지하라.守靜篤 근본으로 돌아가는 것을 고요함이라 하는데歸根曰靜 고요함이 곧 만물의 본성이다.是謂復命"³²

마음을 끝까지 비운 다음 지극히 고요한 경지를 유지하라는 것이다. 만물이 나고 자라지만 그들은 결국 근원으로 돌아가며, 만물이 늘 본성으로 돌아간다는 진리를 아는 자를 깨달은 사람이라고 하였다.

(3) 덕德은 내면의 생명력에서 길러진다

덕은 내면에서 길러지며, 덕을 기르려면 감각기관을 돌려 내면의 생명력을 축적해야 한다. 덕은 바깥 대상對象과 경계境界를 쫓아가는 데서 흩어지니 외부 대상에 반연絆緣되는 감각感覺을 안으로 돌려 내면의 에너지를 축적蓄積해야 하는 것이다.

노자는 말한다. "도를 잘 지키는 사람은復守其母 평생 생명력이 고갈되지 않는다.沒身不殆 감각적 쾌락을 멀리하고塞其兌 외부로 향하는 반응을 자제하면閉其門 몸 안에 생명의 기운이 충만하게 된다.終身不動 그러나 감각적 쾌락을 좇아開其兌 외적인 자극에 무절제하게 반응하면濟其事 생명력이 고갈되어 어떻게 치료해볼 방법이 없으리라.終身不救"33

사람의 육체적인 생명은 태어나면서 시각되고 주요면서 끝나는 것처럼 보인다. 하지만 자신의 생명 에너지를 잘 기르고 보존하는 사람은 생명 에너지가 충만하여 죽음이 없음을 안다. 도는 영원하며 도道를 따르며 덕德을 기른 사람은 육신이 소멸된다 해도 결코 죽지 않는다. 정과 신이 하나로 통通하여 즉卽한 사람은 생명 에너지에 죽음이 없다는 걸 알기 때문이다. 생명 에너지를 축적하여, 그 정精을 기르고 정精을 기氣로, 기氣를 신神으로 단련練化하여 정精과 기氣와 신神이 하나로 통한 사람은 생명 에너지가 영원永遠함을 알게 된다. 이를 이름 하여 해탈解脫이라 한다.

(4) 덕德은 자기수양을 통해 쌓여진다

덕은 자기수양을 통해 쌓아가는 것이다. 유교에서는 인의예지와 수기치인을 강조했다. 인의예지를 통한 내면의 덕을 쌓은 후 세상을 다스리는 리더가 되는 도리를 말한 것이다. 또한 격물치지와 성의정심을 강조했다. 학문과 탐구를 통한 이치와 지혜를 밝혀 뜻이 정성스럽고 마음이 밝아지는 자리로 나아간다는 뜻이다. 더 나아가 언행일치言行一致, 신기독慎其獨, 그리고 징분질욕懲忿窒慾을 강조했다. 남이 보지 않는 자리에서도 몸가짐을 삼가고, 욕심과 분노를 다스려 마음을 가지런히 하는 처신과 수양을 강조했던 것이다.

불교에서는 이를 육바라밀과 팔정도로 표현했다. 보시남에게 선을 베푸는 마음와 지계계율과 윤리를 지킴를 통해 근본윤리를 준수하고, 인욕참고 인내심을 기름과 정진바른 수행을 통한 지속적 노력을 통해 수행정진을 강화하며, 선정마음을 고요하게 통일하는 힘과 지혜밝은 지혜를 깨달음를 통해 열반에 이른다는 것이다. 즉, 마음으로부터 오는 세 가지 장애인 탐, 진, 치를 계, 정, 혜 삼학으로써 다스린다는 것이다.

더 나아가, 팔정도의 수행으로, 공空, 무아無我, 연기緣起에 대한 바른 이해를 확립하고正見, 바른 말正語—바른 행위正業— 바른 생각正思惟을 통해 바른 직업과 소명을 새기며正命, 바른 정진을 통한 노력을 지속해 나가면正精進 깨어있는 인식을 통해 바른 선정과 지혜의 문正定에 이르게 된다는 것이다.

도교에서는 몸과 마음을 관통하는 정精, 기氣, 신神의 단련과 연마를 강조한다. 몸과 마음과 우주를 하나로 관통하는 정기신의 단련을 통해 몸의 기운과 에너지를 상승시킴으로써 인간과 우주의 합일이 가능하다고 보았던 것이다. 인간의 하단전하복부/미려관에 위치한 정精의 축적과 상승을 통해 상단전머리/옥침관의 기氣에너지로의 승화가 가능하고, 이는 더 나아가 중단전가슴/녹로관의 신神으로 자리 잡는, 말하자면 연정화기煉精化氣, 연기화신煉氣化神, 연신화허煉神化虛, 연허합도煉虛合道의 깨달음과 해탈이 가능하다고 보았던 것이다.[34]

따라서 유교가 수양을, 불교가 수행을 강조했다면 도교는 수련을 강조한 것이다. 유교가 몸과 마음의 가지런함과 자기수양을 통한 처세處世와 수기치인修己治人의 도리를 강조했고, 불교가 마음과 심법心法의 도리를 통한 참선수행參禪修行을 강조했다면, 도교는 몸-마음-우주를 관통하는 지혜로서 정-기-신의 자기연마自己鍊磨와 단련鍛鍊을 강조하였다.

(5) 인생의 목적은 덕德을 쌓아가는 것이다

인생의 목적은 한마디로 내면의 인격, 즉 덕德을 쌓아가는 것이다. 우리가 이 세상에 온 이유는, 여러 가지가 있겠지만 그 중 가장 중요한 한가지만을 꼽으라면, 자신의 타고난태어날 때 무의식에 잠재되어 가져온 인격과 의식의 위계位階를 한 단계 격상시키기 위함이다. 내면의 덕德이 쌓여가면서 인격의 파동波動도 고조되는 것이니, 덕의 준위俊位야말로 그 사람의 인격意識의 품격品格을 나타낸다. 또한, 그 사람이 얼마나 자신의 인생을 성찰하며 진지하게 잘 살았는지를 보여주는 지표指標가 되는 것이다.

"불확실한 시대일수록 더욱 자신이 '어떻게 살고 있는지'를" 돌아보아야 한다.[35] 오늘날 우리는 지극히 불확실하고 불안한 시대에 살고 있다. 자신의 미래에 대한 불확실성, 청년실업의 문제, 양극화, 경제 불안, 국제정세, 기후재앙 등등 한치 앞을 내다볼 수 없는 미래의 불확정성과 불안감 속에 살아가고 있다. 하지만 이러한 불확실성의 시대일수록 "무엇보다 필요한 것은 '인간은 무엇을 위해 사는가?'하는 근본적인 물음에 정면으로 마주서서 성찰하고 되물으며 인생의 지침으로서 철학을 확립하는 일이 무엇보다 필요"하다.

(6) 덕德은 한걸음 한걸음씩 쌓아가는 것이다

"하루하루를 인생의 마지막 날인 것처럼 살아가는 것," 항상

타오르는 듯한 열정과 의욕으로 언제, 어느 곳에서든 '간절함'과 '성실성'이라는 마음가짐으로 한발 한발 살아나간다면 덕과 인격을 쌓아갈 수 있을 것이다. 존경하는 인물을 자신의 이상형role model으로 삼고 그를 닮기 위해 하루하루 살아간다면 어느덧 자신도 그 큰 바위 얼굴을 닮을 수 있게 될 것이다. 인생의 어려움에 정면으로 맞서 자신을 극한에까지 이르게 하는 마음의 자세로 살아가게 된다면 그는 자신의 인생의 주인공이 될 수 있을 것이다.

공자는 배움이란 어떤 고정된 것이 아니라, 끊임없는 습득의 자세라고 보았다. 학습學習이란 단어에서 보듯이 배우되學, 배운 것을 몸에 익히는 습習의 과정이 중요하다는 것이다. 이처럼 덕행과 인격도 한걸음 한걸음씩 쌓아가는 것이다.

맹자도 근육과 뼈를 깎는 노력과 인내심을 강조했다. 그는 '고자장'告子章에서 다음과 같이 말했다. "하늘이 장차 그 사람에게 큰일을 맡기려 하면天將降大任於斯人也 반드시 먼저 그 마음과 뜻을 괴롭게 하고必先苦其心志 구육과 뼈를 깎는 고통을 주고苦其筋骨 몸을 굶주리게 하고 생활을 빈곤에 빠뜨리며餓其體膚 窮乏其身行하는 일마다 어지럽게 한다.拂亂其所爲 그 이유는 마음을 단련시켜 인내심을 기르게 하기 위함이며是故動心忍性 지금까지 할 수 없었던 일을 할 수 있게 그릇을 키우기 위함이다.增益其所不能"

이처럼 지도자가 되려는 사람은 한발 한발 덕행과 인격을 쌓아가 내공內功과 집중력集中力을 키워 장차 큰 그릇大器을 만들어가는 것이다.

(7) 지도자는 재능보다 덕德을 갖춰야 한다

덕은 내면의 인격을 말하며, 삶을 살아가는 자세나 대의를 생각하는 사고방식을 말한다. 재능이나 지적능력 혹은 성과를 내는 열정도 중요하지만 국정 지도자에 필요한 덕목은 역시 덕이나 인격이 더 상위개념이다. 다산 정약용 선생도 "지智와 덕德을 함께 갖추는 것이 가장 좋지만, 덕德이 없이 지智만 있다면 차라리 둘 다 없는 것만 못하다"고 하여 덕의 중요성을 강조하였다. 덕이 없는 지능은 간교한 지혜, 즉 간지奸智가 되어 오히려 세상을 어지럽게 한다는 것이다.

중국 명대의 사상가 여신오呂新吾도 그의 저서 《신금어》呻吟語에서 다음과 같이 말했다. "침착하고 중후한 것이 첫 번째 자질이고, 적극적이고 작은 일에 구애받지 않는 것이 두 번째 자질이며, 총명하고 뛰어난 언변을 가지는 것이 세 번째 자질이다." 이 세 가지 자질은 순서 그대로 인격德, 용기, 재능이라 할 수 있겠다.

신자유주의적 풍조 속에서 눈에 보이는 성과를 내는 지각적 능력이 더 돋보이기 쉬운 시대이지만, 국정을 다루는 지도자라면 재능이나 언변이 아닌 '침착하고 중후'한 인격이 요구되는 것이다. 겸허한 마음가짐, 자기성찰의 마음, '나'를 제어하는 극기심, 공동체를 향한 뜨거운 열정과 사랑의 마음이 더욱 필요한 것이다.[36]

(8) 도덕과 덕성에 기초한 위정爲政의 도리

도덕道德과 덕성德性이 중심이 된 위정爲政의 도리는 공자의 핵심 가르침이다. 공자는, 위정자는 덕德으로써 다스려야 하며, 예禮로써 나라를 가지런히 해야 한다고 가르쳤다. 논어의 위정편爲政篇에서 공자가 말했다. "정치를 덕으로써 다스린다는 것은爲政以德 마치 북극성이 제자리에 가만히 있어도譬如北辰 居其所 모든 별들이 그것을 중심으로 도는 것과 같은 것이다.而衆星共之 백성을 형벌로써 다스리게 되면 법에만 의존하게 되고齊之以刑 법만 피하면 다 되는 걸로 생각하게 되어 수치를 모르게 된다.民免而無恥 덕으로써 다스리고道之以德 예로써 가지런히 하면齊之以禮 부끄러움을 가지며 또한 따라오게 된다.有恥且格"

정치는 법률이나 규칙으로 하는 것이 아니다, 덕으로 하는 것이다. 국정지도자는 덕으로 정치를 하여야지 사소한 일에 사사건건 개입해서는 제대로 된 정치를 할 수가 없다. 노자 역시 말한다. "최고의 국정지도자는 백성들이 그가 있는지조차도 모른다.太上 下知有之 신뢰심은 말에서 생기는 것이 아니다. 자연의 도에 따라 다스려야 신뢰를 받는다.悠兮 其貴言"

마치 북극성이 제자리에 가만있는 것과 같이 보이지만 사실은 뭇별들이 그를 중심으로 도는 것처럼, 이때의 '무위'란 '함이 없음'이 아니라 '사소함에 얽매이지 않으며' '자연의 이치를 거스르지 않는 것'이다. 시삼백詩三百편을 한마디로 말하면 사특함이 없다思無邪라고 했다. 국정지도자는 사소함에 얽매이지 말아야 하며, '함이 없는' 무위無爲의 큰 행위 속에서 국민과 소통疏通하고 국민을 참으로 위하는 진정성眞情性을 보여야 하는 것이다. 그것이 큰 리더십이다.

덕德이 있는 지도자, 다산茶山 정약용

민생民生에 공감共感하다

"백성을 위해서 목민자가 있는 것인가, 목민자를 위해서 백성이 있는 것인가? 백성이 좁쌀과 베실을 생산하여 목민자를 섬기고, 또 마차와 종을 내어 목민자를 전송도 하고 환영도 하며, 또는 피와 기름과 진수를 짜내어 목민자를 살찌우고 있으니, 백성이 과연 목민자를 위해 있단 말인가?"

다산 정약용 선생의 말이다. 목민자는 통치자 혹은 관료를 의미한다. 백성이 없다면, 관료 또한 없다. 관료는 백성을 위해 존재한다. 관료들은 백성들의 삶의 문제를 해결하고, 그들의 생활을 윤

택하고 행복하게 해줘야 할 의무가 있는 것이다. 다산은 당시 조
선시대의 관료들이 이러한 이치를 망각한 채 가렴주구를 일삼는
행태에 일침을 가한다. 다산의 민본民本의식은 당시의 유교적 위민
정치와는 근본적으로 다른 평등주의에 입각한 것이었다. 다산은
백성을 단순히 통치의 대상으로 바라보지 않았다. 그는 조선의 백
성들을 온몸으로 껴안고, 군주와 백성과의 수직적 관계를 변화시
키기 위해 끊임없는 노력을 기울였다. 다산은 당시 주류 선비들이
하찮게 여기고, 무시하였던 서민들의 세속적인 생활을 아름답게
묘사하곤 했다. 민중들이 실제적으로 겪게 되는 희로애락에 반응
하며, 그들과의 공감을 이끌어냄으로써 억압 받던 백성들에게 희
망과 용기를 주는 원동력이 되었다.

세 가지 덕: 율기律己 · 봉공奉公 · 애민愛民

다산은 관료가 갖추어야 할 자세로 율기律己 봉공奉公 애민愛民을
꼽았다. 자신을 다스리고, 공공을 위해 봉사하고, 백성을 사랑하라
는 말이다. 다산의 이같은 정신자세는 현대의 국정리더들에게도
여전히 요구되는 덕목이다. 요즘의 한국 사회를 돌아보면 리더의
본분이란 무엇인가에 대해 다시 한번 생각해 보게 한다. 그 누구
보다도 모범적으로 덕성을 지녀야할 리더들이 타성에 젖어있는 실
정이다. 우리가 바라는 리더의 모습은 우리들의 삶을 한 차원 격
상시켜줄 수 있는 덕성을 지닌 사람일 것이다. 다산의 일생을 통
해 우리는 진정으로 덕과 품격을 갖춘 리더의 모습이 무엇인지를

발견하며 자신을 반성하는 계기를 갖게 된다. 다산 선생의 시대를 뛰어넘는 가르침은 타성에 젖어있는 우리 사회의 리더들에게 '리더의 자격'이란 어떠해야 하는가에 대해 성찰의 기회를 제공해 주고 있다.

2. 성찰사회의 내용으로서의 智와 德: 공동체 차원

성찰사회는 공동체 차원에서 개인과 개인 간, 단체와 단체 간 상호 신뢰할 수 있는 성숙한 공동체를 실현하는 사회이다. 그리고 그러한 공동체 실현을 위해 모든 노력을 아끼지 않는 사회이다.

신뢰받고 성숙한 공동체 실현을 위해서는 공동체 차원에서 지智, 덕德, 체體를 증진시킬 수 있어야 한다. 체體란 국가의 체력에 해당하는 것으로서, 이를 위해서는 경제적 부의 창출과 강력한 치안과 안보를 요구한다. 지智란 국가의 지혜에 해당하며, 덕德이란 국가의 국민에 대한 덕행과 책임감에 해당한다.

플라톤 역시도 이상국가의 실현을 위해서는 지덕체의 강화와 조화가 필요하다고 보았다. 통치자 계층의 이성logistikon, 수호자 계층의 용기thymos, 생산자 계층의 욕망epithymetikon이라는 기능이 탁월하게 발휘되면서 조화를 이루는 국가가 이상국가라고 보았다.

국가의 지혜를 위해서는 국가의 지도자나 정부의 리더십, 정책결정능력, 총체적 정책역량 등을 위시하여, 정부-시장-시민사회 전반의 지혜와 지능을 강화하려는 종합적 노력이 필요하다. 또한 국가의 덕행을 위해서는 국가의 지도자나 정부의 투명성과 책무성 강화, 국민과 정책대상집단의 입장을 이해하고 수용하며 살피려는 노력성찰 등을 위시하고, 나아가 정부-시장-시민사회 전반의 덕행과 책임감을 강화하려는 종합적 노력이 필요하다.

개인적 차원에서도 '지'智와 '체'體의 강화를 위한 노력에 비해 '덕'德이라는 부분이 상대적으로 약했던 것처럼, 공동체 차원에서도 '지'智와 '체'體는 지금껏 추구되고 있는 반면 '덕'德이라는 부분이 상대적으로 약했던 것이 사실이다.

인류 역사를 거치면서 그동안 인류는 머리와 에고 중심의 징쟁에는 익숙해 왔지만 가슴과 사랑 중심의 화합에는 상대적으로 약했던 것이다. 지식과 지혜의 입장에서 국가 간에 경쟁하고 수출과 무역을 통해, 체력과 안보의 입장에서 국가 간 경쟁에는 익숙해져 있지만스포츠와 전쟁을 통해, 상대방에게 먼저 마음 열기, 배려하기, 먼저 사랑 실천하기, 먼저 자기 책임 인정하기 등에는 그동안 "누군가가 가시적으로 상償을 주는 것도 아니어서" 소홀했던 측면이 없지 않다.

머리와 에고 중심의 효율성 패러다임에서 성찰성 패러다임을 통한 공동체의 사랑과 덕행이 강조되어야 하는 이유도 여기에 있다. 효율성과 민주성의 패러다임이 그동안 인류역사 속에서 가시적/단선적 사고과정을 거쳐 발전되어 왔다면, 이제 여기서 새로운 비가시적/비선형적 패러다임의 추가가 필요하다. 만일 이에 대한 이해와 강조가 없다면혹은 새로운 국면에 대한 이해와 강조가 없다면 우리 사회가 한 단계 더 진화하기는 어려울 것으로 생각된다.

어쩌면 그동안 라스웰Lasswell에 의해 강조되었던 '민주주의 정책학'policy science of democracy은 '성찰적 정책학'policy science of reflexivity으로 보완되어야 할 때가 되지 않았나 생각된다. 인간의 존엄성 실현이라는 가치에는 변함이 없지만, 민주주의 정책학이 미국식 다원주의 민주주의사회를 전제로 시민의 참여, 제도적 장치예컨대, 참여정책분석과 참여민주주의와 같은 절차적 측면이 강조되었다면, 거버넌스 공동체로서의 덕행과 신뢰, 투명과 책임을 강조하는 '성찰적 민주주의'reflexive democracy의 내용적 측면이 보완될 필요가 있다는 취지에서 그렇다. 또한, 제도주의 논리만으론 민주주의가 완성될 수 없기에 그렇다. 자신을 성찰하고, 관계를 성찰하는 속에서 배려와 소통이 가능해지며 그 결과로서 사회의 덕행은 증진되는 것이다.[37]

이어지는 몇 개의 장에서는 공동체 차원의 지智와 덕德을 증진시키기 위한 학문적 방안으로서 현대행정학과 국정관리, 민주주의 정책학에 대해서 살펴보기로 한다.

개인주의적 경쟁과 성찰하는 공동체

2011년 4월 한국과학기술원KAIST 학생 4명과 교수 1명이 연이어 자살한 사건이 발생했다. 이 사례는 참다운 교육이란 무엇인가, 대학공동체란 무엇인가를 생각하게 한다. 또한 한국의 비참한 교육의 현주소를 보여주는 것 같아 마음을 아프게 한다.

자살은 개인적 무력감의 최종적 표현이다. 자신이 처해 있는 현실을 도저히 감당해 낼 길이 없다는 절망감의 막다른 표현이었을 것이다. 하지만 꼭 그래야만 했을까? 꼭 그런 최후의 수단을 선택해야만 했을까? 개인적 차원의 문제도 있을 것이고 공동체 차원의 문제도 있었을 것이다.

KAIST 사태는 '소통과 배려가 결여된' '극심한 경쟁'의 제도화가 얼마나 위험할 수 있는가를 보여주었다. 그렇다고 바로 경쟁을 포기할 수는 없는 일이겠으나, 공동체에 있어서 소통과 배려가 얼마나 중요한지를 여실히 보여주었다. 극심한 개인주의적 경쟁이 낳게 되는 무서운 결과를 보여주었으며, 동시에 공동체 사회에서 함께 도와주고 협력하는 정신이 얼마나 소중한지도 깨닫게 해주었다.

건강한 사회는 개인주의적 경쟁과 공동체의 정신을 골고루 필요로 한다. 하지만 우리 사회는 지금까지 거의 '경쟁 일변도'로 달려왔다. 수출과 산업현장에서 국민소득 1만 불과 2만 불 고지에 이르기까지 우리는 오직 '외길'만을 달려왔다. 학교 교육도 철저한 암기와 주입식에 기초한 입시와 성적 평가였다. 그건 창의력, 상상력과도 무관한 일일 뿐더러 성숙한 인격을 갖춘 주체적 개인을 양성하는 문제와는 거리가 먼 것이었다. 대학교육도 크게 다르지 않다. 대학에 들어오면 벌써 취직 걱정에 들어가고, 그에 따라 이미 치열한 학점 경쟁에 들어간다. 그건 함께 머리를 맞대고 함께 문제를 해결하며 함께 성장한다는 공동체의 협력과는 거리가 멀고, 또한, 그건 함께 협동하고 함께 해결하며 함께 거둔다는 공동체 문화와는 애당초 거리가 먼 일이다.

경쟁은 필연적으로 개인주의를 극대화시킨다. 전투에 이기는 '전사'만을 우대한다. 그러면서, '꽉 막힌 삶'은 사회 전체적인 분위기로 확산되어 간다. 취업을 하면 크게 달라질까? 취업, 결혼, 승진, 퇴직…. 쉽게 예견할 수 있는 것처럼 그 다음은 또다시 꼬리에 꼬리를 문 경쟁과 숨 막힌 생존 게임이다. 언제 끝이 날까? 죽으면 과연 끝이 날까?

우리 사회의 지나친 경쟁주의와 개인주의적 삶, 그것이 초래한 무서운 결과의 일부들을 우린 목격하고 있는 것은 아닐까?

참다운 교육과 공동체의 정신을 다시금 되돌아보게 한다.

근본根本으로 돌아가 본다Back to the Fundamental! 플라톤과 톨

스토이가 강조한 지덕체의 교육과 공동체 정신. 삶 자체를 되돌아보게 만드는 검소함과 소박함, 그리고 비움의 정신. '구하기만 하는 마음' 대신 '비추는 마음'.

현실에선 어려울까? 정말 불가능한 일일까?

종교와 철학의 영역에만 존재하는 단어일까? 사회과학에서 정책으로 풀어낼 일혹은 풀어내야만 할 일은 없는 것일까?

만약 있다면, 그건 무엇이며, 어디부터 그리고 무엇부터 손대야 할 것인가?

08

국정관리에 있어서의 성찰성: 현대행정학과 성찰적 국정관리

1_ 행정이론의 두 축, 민주성과 효율성

2_ 현대행정학과 성찰성

3_ 본질적 질문으로서의 성찰성

4_ 미래의 바람직한 정부상

5_ 미래지향적 국정관리

CHAPTER

08

국정관리에 있어서의 성찰성:
현대행정학과 성찰적 국정관리

언어가 지니는 '힘'은 크다. 우리가 성찰성이라는 단어를 고려
하는 이유도 여기에 있다. 이것이 기존의 단어에 못지않게 이
시점에서 우리 사회에 필요한 것이라면, 그리하여 기존의 단어
가 제시해 주지 못했거나 혹은 제시하는 데 한계가 있었던 '인
식의 지평'을 새로 혹은 추가로 열어주는 것이라면, 우린 이 단
어를 고려해야 하고, 채택해야 하고, 이를 기초로 제도적 장치

들을 고민해 볼 필요가 있는 것이다.

현대행정학의 두 축을 이루던 이념은 '효율성'과 '민주성'이었다. 행정학이론에 있어 정치행정이원론과 신공공관리의 바탕을 이루던 정신은 효율성이었으며, 정치행정일원론과 뉴거버넌스의 바탕을 이루던 정신은 민주성이었다.

그럼, 왜 지금 성찰성인가?

1. 행정이론의 두 축, 민주성과 효율성[38]

행정이론의 발전은 정치와 행정의 관계, 과학과 기술의 관계에 따라 변증법적으로 진화해 왔는데, 그 변증법의 한 축은 효율성이고 다른 한 축은 민주성이었다. 행정이론의 효율성이 보다 더 강조되었을 때에는 행정의 경영적효율성 측면이, 민주성이 보다 더 강조되었을 때에는 행정의 정치적민주성 측면이 강조되었다. 정치행정이원론 시대에는 정치로부터 행정의 독립성이 강조되어 행정의 능률성이 부각되었으나, 정치행정일원론 시대에는 행정과 정치의 연계성이 강조되어 행정의 민주성이 부각되었다. 1980년대 신공공관리론 NPM 시대에는 민간위탁·민영화·외부발주 등 민간 관리개념 및 시장주의 기법이 강조되어 효율성의 개념이 부각되었으나, 1990년대 이후 뉴거버넌스 시대에는 참여·신뢰·네트워크 등 수평적 관리 및 민주주의 정신이 강조되어 민주성의 개념이 부각되고 있다.

1990년대 이후 인터넷 기술의 급속한 발전정보화, 시민사회의 성장민주화, WTO 체제의 출범과 신자유주의 물결의 확산세계화 등의 급진전으로 현대 행정의 특성도 변화되고 있다. 전통적 행정학의 조직모형인 관료제에 대한 Post-관료제 모형으로서의 전자정부가 등장하고, 국가정부에 의한 일방적 통치가 아닌 국가정부-시장기업-시민사회NGO들 간의 신뢰와 협동을 강조하는 거버넌스가 강조되고 있다. 이와 함께 국가혁신을 강조하는 국정관리의 개념도 급속도로 확산되고 있다.

현대행정은 행정을 일방적 통치Governing가 아닌 국정관리 Governance로 파악하며, 정부 관료제의 비능률을 타파하기 위해 민간경영 관리기법management을 도입하여 가격·경쟁·유인 등을 강조하는 시장메커니즘을 활용하는 한편, 한발 더 나아가 참여, 신뢰 및 네트워크적 문제해결을 중시하는 뉴거버넌스적 요소를 강조한다. 즉, 전통적 행정학의 폐쇄적 모형이었던 관료제 모형에서 조식·인사·재무·정보 등 내부관리가 중요시되었다면, 현대적 행정학에서는 개방체제로서의 국정관리모형으로서 정부와 시장, 정부와 시민, 시장과 시민과의 내부-외부, 외부-외부의 관계적 성찰이 중요시되고 있는 것이다.

의연한 民, 한심한 官

최근 일본의 대지진 참사 이후 일본의 무능한 행정과 국정관리의 무책임성이 도마에 올랐다. '의연한 民, 한심한 官'이라는 것이다. 의연한 民으로서는 재난 속의 화의정신, 협력정신과 희생정신, 위기 속의 평정심, 놀라운 질서의식이 있었던 반면, 한심한 官으로서는 매뉴얼만 강조하는 경직된 국가행정, 실종된 최고지도자의 리더십, 엘리트집단의 아집, 정부의 비밀주의 등이 질타의 대상이었다.[39] 이 사례는 일본사회가 시민의 공동체 관점에서는 많이 성숙된 반면, 오히려 정부와 정책 그리고 국정관리의 관점에서는 많이 낙후되어 있다는 사실을 보여주고 있다.

과연 우리나라는 얼마나 다를 수 있을까? 시민의 공동체 차원에서 혹은 정부의 국정관리 차원에서.

2. 현대행정학과 성찰성

행정학은 정부에 관한 학문이다. 전통적 행정학이 행정이론을 토대로 정부의 인사, 조직, 재무, 정보체계 등 정부 내부 운영원리의 효율성 실현에 많은 중심을 두고 연구한 학문이라면, 현대행정학은 정부운영시스템에 대해 연구하는 정부학이며, 동시에 지식정보사회에서의 국가혁신에 대해 고민하는 국정관리학이다. 따라서 현대행정학은 관료제이론, 인사행정론, 조직행정론, 재무행정론, 정보체계론 등 기존의 내부적 행정이론에 더하여, 신뢰와 사회적 자본social capital, 정책과정과 신제도주의new institutionalism, 협상과 갈등관리conflict management, 국가혁신과 미래예측future foresight, 거버넌스와 국정전략governance strategy 등에 대해서 전략적으로 고민하는 국정관리학이다.

현대행정학을 단순히 정부내부의 관리문제로 보지 않고, 정부와 시민, 정부와 기업 등 내부와 외부의 관계를 아우르는 개방체제와 전략적 개념으로 살핀다면 성찰성의 위치는 분명해진다. 기존의 효율성과 민주성은 1인칭과 2인칭의 문제였다면, 성찰성은 이들을 아우르는 3인칭 공동체의 문제와 관계망 사이의 바람직한 속성에 대한 개념규정까지를 포함하고 있기 때문이다.

현대행정학을 개방체제에 기초한 국정관리학의 개념에서 접근한다면, 행정학 역시 더 이상 내부 문제를 규율하는 효율성이나 내부와 외부의 참여를 강조하는 민주성에 머물 게 아니라, 국가라는 공동체 차원의 성찰성의 문제가 본격적인 범주로 고려되어야 한다. 그렇게 되면, 현대행정이념 역시 합법성이나 효율성, 민주성이나 참여성과 같은 1인칭과 2인칭 못지않게 전체 공동체 차원의 성찰의 문제를 공익의 중요한 관심사로 다루어야 하며, 이런 관점에서 현대행정학의 목표 역시 효율성, 민주성을 기초로 공동체 차원의 인권, 정의, 존엄인간의 존엄성을 실현시키려는 공동체 차원의 성찰적 노력으로 정립되어야 할 것이다.

비유하자면, 효율적 국정관리가 1인칭, 민주적 국정관리가 2인칭이라면, 성찰적 국정관리는 3인칭의 문제라고 할 수 있겠다. 1인칭은 정부내부나의 효율성 문제를 지칭하고, 2인칭정확하게는 1인칭과 2인칭은 정부내부나-정부외부너 간의 대화dialogue와 소통communication을 지칭하는 것이라면, 3인칭은 정부내부나-정부외부너를 아우르는 공동체우리 전체의 차원에서의 신뢰trust와 성찰reflexivity을 지칭하는 것이라고 할 수 있다. 즉, 나와 너의 단순한 이분법을 넘어서는 다자간 공동체의 문제로 확대되는 개념이다.[40]

3. 본질적 질문으로서의 성찰성

이러한 관점에서 보면, 현대행정학의 궁극적인 목표는 우리 사회 내에 존재하는 국민 개개인의 인간 존엄성 실현이다. 이를 위해 행정학은 국가경쟁력과 삶의 질을 향상시키려는 수단적 목표를 지니며, 또 이러한 수단적 목표를 위해 공공부문의 정책 및 관리역량을 학습하는 학문이다.

현대행정학은 동태적 과정으로 이루어진다. 국가목표-정책결정-조직화-동작화-환류 및 학습이라는 동태적 과정을 거치면서, 동시에 행정인-행정구조-행정환경이라는 3대 변수가 끊임 없이 상호작용 과정을 거치면서 전개된다. 여기서 행정환경이란 법, 제도, 정책뿐만 아니라, 정치, 경제, 문화적 흐름과 이슈를 모두 포괄하는 개념으로서 현대행정학이 특히 고려해야 할 요소이다. 여기에는 정부와 시민, 정부와 기업 간 거버넌스의 제도적 장치로서의 전략, 갈등과 협상, 신뢰와 자본 등에 대한 고려가 중점사항이다.

현대행정의 동태성은 환경변화가 행정의 구조와 행태에 영향을 미치고 상호작용하는 것이다. 그리고 이때 혁신이란 행정의 동태성을 의도적으로 도입하는 것이다. 환경변화는 법과 제도를 매개로 조직·인사·재무 등의 구조변동을 유발하고, 문화에 충격을 가함으로써 행정인의 인식과 태도를 변화시킨다. 따라서 현대행정학은 거버넌스 구조에 대한 연구와 함께 문화유전자에 대한 연구를 통해 어떠한 전략과 변동이 환경에 대한 인식과 태도 변화를 유발할 수 있는지에 대한 심층적인 논의가 필요하다.

현대행정학은 수단적 목표로서 정부 내부 운영원리의 효과성과 능률성 제고를 통해 정부경쟁력정부을 강화하고, 정부와 국민 시장 및 시민사회 간의 참여 및 소통 강화를 통해민주성 국민들에게 최상의 정부서비스를 제공함으로써 국가경쟁력과 삶의 질을 향상시켜야 한다. 동시에, 현대행정학은 이러한 수단적 가치를 통해,

국가 공동체 안에 존재하는 구성원들 개개인의 인간 존엄성 실현을 궁극적 목표로 한다성찰성.

즉, 현대행정학은 정부 내부운영의 효율성효과성, 능률성을 토대로, 시민의 정책참여와 민주통제를 통해 민주성참여성, 대응성을 강화하며, 더 나아가 우리 사회공동체 구성원들의 신뢰성과 성숙성을 지향하는 성찰성 구현을 목표로 한다. 정부 운영의 효율성 극대화, 민주적 가치의 증대, 그리고 이를 통해 보다 신뢰받고 성숙한 성찰적 공동체의 구현, 이것이 현대행정학의 목표라고 할 수 있다.

현대행정학의 본질적 질문

현대행정학이 추구하는 행정학의 본질적 질문들은 명료하다. 이는 다음과 같이 구성될 수 있다.

* 정부 내부 운영의 비능률을 타파하고, 정부 운영의 효율성을 극대화시킬 수 있는 조직원리 및 운영방안은 무엇인가?
* 이를 위해 가장 적합한 조직형태관료모형 vs. 포스트-관료모형는 무엇이며, 관리방안인사, 조직, 재무, 전자정부은 무엇인가? 그리고 이러한 방안들은 미래사회의 변화하는 환경에 부응하기 위해 어떠한 방향으로 진화되어야 하는가?

* 정부 관료제를 민주적으로 통제할 수 있는 방안은 무엇인가? 조직 내부적으로 민주성과 투명성을 제고하는 방안사기, 비공식집단, 리더십, 동기부여, 의사전달은 무엇인가? 조직 외부적으로 시민들의 정책참여를 강화함으로써 민주성을 제고하는 방안행정책임, 행정통제, 행정개혁, 정부혁신은 무엇인가?
* 정부는 어떤 정책 및 행정 서비스를 통해 우리 국가 혹은 사회공동체의 신뢰성과 성찰성을 제고할 수 있는가? 뉴거버넌스는 어떠한 제도와 과정을 통해 우리 사회에 신뢰를 제고시킬 수 있으며, 우리 사회공동체의 성찰성을 제고시킬 수 있는 전략은 무엇인가?

앞의 세 가지 질문들이 기존의 행정학에 다루어왔던 전통적 주제였다면, 마지막 네 번째 질문은 특히 현대행정학에서 강조해야 하는 신뢰와 성찰성의 문제이다. 그리고 이러한 사유思惟와 추가적 노력이 있을 때 행정학은 정책과 전략, 신뢰와 협상, 제도주의와 과정의 문제를 다룰 수 있는 현대적 의미의 국정관리학으로 거듭날 수 있게 될 것이다.

4. 미래의 바람직한 정부상

미래의 바람직한 정부상의 첫 출발점은 정부역량governance capacity의 강화이다. 정부역량은 정책역량policy capacity, 관리역량management capacity, 인프라역량infra capacity을 제고하는 것을 의미한다.

첫째, 정책역량은 분석analysis과 예측foresight을 중심개념으로 한다. 미래 정부에서는 통상정책과 협상관리, 환경정책과 갈등관리, 정보정책과 과학기술 분야의 중요성이 증대될 것으로 예측되는데, 이러한 정책영역에서 특히 문제의 분석과 예측 능력이 매우 중요하다.

둘째, 관리역량은 혁신innovation과 관리management를 중심개념으로 한다. 미래 정부에서는 정부 내부의 관리역량 증대를 위해 혁신관리, 지식관리, 성과관리의 중요성이 커진다. 또한 비용편익분석, 회귀분석, 시뮬레이션, BSC 등의 관리기법들을 토대로 조직관리의 과학화를 제고해야 한다.

셋째, 인프라역량은 기술technology과 신뢰trust를 중심개념으로 한다. 미래 정부에서는 정보기술을 토대로 한 전자정부 및 e-거버넌스의 중요성이 증대되고, 신뢰를 토대로 한 사회적 자산social capital과 시민사회 역량citizen capacity의 중요성이 증대될 것으로 예측된다.

미래의 바람직한 정부상

미래 정부는 정부역량 강화를 통해 행정의 생산성효율성, 민주성참여성, 신뢰성성찰성을 제고해야 한다. 정부 내부의 효과성effec-tiveness과 능률성efficiency 제고 등 효율성 증대를 토대로 정부 내부와 외부 간 인터페이스 관점에서 정책의 참여성participation과 대응성responsiveness 제고 등 민주성을 강화하고, 더 나아가 정부와 시장 그리고 시민사회를 아우르는 사회공동체 전체의 신뢰trust와 협동cooperation을 토대로 사회적 자본을 강화하는 등 성찰성을 강화해야 한다.

정부혁신을 위해 중요한 것은 개혁과 관련하여 바람직한 미래의 정부상을 구축하고, 이에 대해 국민들의 신뢰를 획득하는 일이다. 신뢰는 그 자체를 21세기 국가혁신의 요체로 삼을 정도로 중요한 일이다Nye et al., 1998. 따라서 한국사회의 미래지향적 국정관리는 먼저 강한 국가, 강한 시장 및 강한 시민사회를 형성하고, 이들 간의 신뢰와 파트너십을 바탕으로 강한 네트워크를 형성함으로써, 세계화와 정보화 시대에 걱합힌 사회공동체를 형성해야 할 것이다.

5. 미래지향적 국정관리

현대행정이론은 새로운 시대 이념과 변화에 부응할 수 있는 새로운 패러다임을 제공해 줄 수 있어야 한다. 그래서 전통적 행정이론과 현대적 행정요구 사이에 생기는 이론적 격차gap를 메울 수 있어야 한다.

현대는 대단히 빠른 속도로 변화하고 있으며, 미래의 단절 discontinuity과 불확정성indeterminancy은 더욱 더 증가하고 있다. 이에 따라 현대행정의 조직관리에 있어서도 생각의 속도로 움직이는 전자정부e-Governance와 미래예측Future Foresight의 중요성이 증대되고 있으며, 국정관리의 차원에서도 국가혁신National Innovation과 거버넌스New Governance가 매우 중요해지고 있다.

현대사회의 이러한 시대적인 흐름에 현대정부가 제대로 대응하려면, 현대행정이론은 시대의 새로운 흐름에 부응할 수 있는 새로운 제도와 개념, 이념과 가치, 즉 패러다임을 제공해 줄 수 있어야 하는데, 이를 위해서 우리는 효율적 국정관리, 민주적 국정관리, 성찰적 국정관리를 고려할 필요가 있다.[41] 다음의 〈표 1〉은 효율적 국정관리, 민주적 국정관리, 성찰적 국정관리 등 세 차원의 미래지향적 국정관리모형의 핵심이념, 핵심역량, 핵심과제, 이론 및 제도를 정리한 것이다.

〈표 1〉 미래지향적 국정관리모형: 이념 및 역량·이론·제도

이념·역량· 과제 국정 관리유형	핵심 이념	핵심 역량	핵심 과제	이론 및 제도
효율적 국정관리	효율성, 생산성	관리역량42 (혁신, 관리)	*행정관리의 효과성 제고 *행정관리의 능률성 제고	국가혁신이론 (혁신관리, 지식관리, 성과관리) + 미래예측, 지식정부의 관리적 역량
민주적 국정관리	민주성, 참여성	관리역량 (혁신, 관리) 정책역량 (분석, 예측)	*정책관리의 참여성 제고 *정책관리의 대응성 제고	거버넌스이론43 + 미래예측, 갈등관리의 정책적 역량
성찰적 국정관리	성찰성, 신뢰성	관리역량 (혁신, 관리) 정책역량 (분석, 예측) 인프라역량 (기술, 신뢰)	*정부−시장− 시민사회 간의 신뢰, 협동 *정부−시장− 시민사회 간의 사회적 자본 강화 *정부−시장− 시민사회 간의 성찰성 강화	전자정부이론44 + 미래예측, 지식정부의 성찰적 역량

미래지향적 국정관리모형

1. 개념 및 요소

미래지향적 국정관리모형으로 우리는 효율적 국정관리, 민주적 국정관리, 성찰적 국정관리를 고려할 수 있다.

첫째, 효율적 국정관리는 효율성과 생산성을 핵심이념으로 하며, 이를 위해서는 관리역량혁신, 관리의 강화를 필요로 한다. 핵심과제로는 정부내부 조직관리의 효과성 및 능률성 제고가 필요한데,[45] 이를 실현시키기 위한 이론 및 제도적 요소로는 혁신관리, 지식관리, 성과관리 등 국가혁신이론을 중심으로 하는 분석적 국정관리의 강화를 들 수 있다. 효율적 국정관리를 위해서는 국가혁신이론에서 제시하는 관리적 요소들을 토대로 하면서 미래예측, 지식정부에서 제시하는 효율성 지향의 관리적 역량을 필요로 한다.

둘째, 민주적 국정관리는 민주성과 참여성을 핵심이념으로 하며, 이를 위해서는 관리역량혁신, 관리과 함께 정책역량분석, 예측의 강화를 필요로 한다. 핵심과제로는 정부외부와의 인터페이스 관점에서 정책관리의 참여성 및 대응성 제고가 필요한데, 이를 실현시키기 위한 이론 및 제도적 요소로는 거버넌스이론, 갈등관리이론을 중심으로 하는 민주적 국정관리의 강화를 들 수 있다. 민주적 국정관리를 위해서는 거버넌스이론에서 제시하는 민주적 요소들을 토대로 하면서 미래예측, 갈등관리에서 제시하는 정책적 역량을 필요로 한다.

셋째, 성찰적 국정관리는 성찰성과 신뢰성을 핵심이념으로 하며, 이를 위해서는 관리역량혁신, 관리, 정책역량분석, 예측과 함께 인프라역량기술, 신뢰의 강화를 필요로 한다. 핵심과제로는 정부내부정부-정부외부시장, 시민사회 전체를 아우르는 사회공동체라는 관점에서[46] 신뢰와 협동이 필요한데, 이를 실현시키기 위한 이론 및 제도적 요소로는 전자정부이론, 지식정부이론을 중심기제로 하는 성찰적 국정관리의 강화를 들 수 있다. 성찰적 국정관리를 위해서는 전자정부이론에서 제시하는 성찰적 요소전자공간의 공공영역의 장과 담론을 활용들을 토대로 하면서 미래예측, 지식정부에서 제시하는 신뢰 및 시민사회 역량 강화를 필요로 한다.

2. 함의 및 방향

현대행정의 이론 및 제도들인 국가혁신이론, 미래예측이론, 거버넌스이론, 갈등관리이론, 전자정부이론, 지식정부이론을 좀 더 심층적으로 분석해보면, 혁신관리, 지식관리, 성과관리를 요체로 하는 국가혁신이론과 미래예측이론은 현대행정학의 효율성 측면을

뒷받침해주는 역할을 하며, 거버넌스이론과 갈등관리이론은 현대
행정학의 민주성 측면을 강화시켜주는 역할을 하며, 전자정부이론
과 지식정부이론은 현대행정학의 효율성과 민주성을 연결시키는
현대정책결정 메커니즘의 로커스locus로서 기능하며, 더 나아가
우리 사회공동체의 성찰성을 향상시켜주는 정책기제로서 작용
한다.[47]

09

정책학에 있어서의 성찰성: 민주주의 정책학과 인간의 존엄성

1_ 정책학은 사회공동체에 대한 理想을 강조한다

2_ 정책학은 인간의 존엄성을 지향한다

3_ 정책학은 실천적 理性을 강조한다

4_ 정책학은 정책대상집단을 配慮하는 가슴 따뜻한 학문이다

5_ 정책학은 민주주의의 완성을 추구한다

정책학에 있어서의 성찰성:
민주주의 정책학과 인간의 존엄성

1. 정책학의 이상理想

라스웰H. Lasswell, 1951이 제창한 민주주의 정책학policy science of democracy은 인도주의人道主義, 초기행태주의, 실용주의의 결합을 통해 탄생되었다. 편협한 실증주의가 아닌 가치와 사실을 고려하는 실증주의로서의 초기행태주의에 기초한 과학적 방법을 토대로 인간의 존엄성을 실현하려는 학문이 정책학이다. 또한, 인간이라는 유기체가 환경에 적응해가는 모든 과정을 탐구로 보고, 인간 사회를 좀 더 나은 방향으로 진보시키는 것이 바로

지적 탐구의 목표 J. Dewey, 1916, 1920, 1940라고 보는 실용주의
에 기초한 학문이 정책학이다.

1) 정책학은 사회공동체에 대한 理想을 강조한다

정책학은 사회공동체에 대한 이상理想을 강조한다. 미래에 대
한 탐구를 강조하고 미래에 대한 공동체의 꿈과 이상의 실현을
강조한다. 그리고 그러한 이상은 인간의 부단한 실천적 이성의
산물인 지식과 탐구 그리고 정책을 통해 실현가능한 미래라고
생각한다.

하버마스는 18세기 말 계몽주의 철학자들에 의해 추구되었던
자유, 평등, 박애를 실현하는 '미완의 기획'Unfinished Project이 현
대에서도 계승되어야 한다고 주장한다. 그들에 의해 추진되었던
'사회적 비전과 꿈'Social Vision & Dream으로서의 프로젝트는 그동
안 인류가 자본주의와 공산주의 진영으로 나뉘어 다투는 동안
실종되었다는 것이다. 정책학의 정신도 그러하다. 정책학이 인
간의 존엄성과 실천적 이성을 강조하는 이유도 우리 공동체를
좀 더 완성시켜 지혜와 덕행이 구비된 성숙한 공동체를 실현시
키려는 정책학적 꿈과 이상이 있기 때문이다.

2) 정책학은 인간의 존엄성을 지향한다

정책학은 인간의 존엄성을 지향한다. 라스웰H. Lasswell은 제2

차 세계대전에서 일본 히로시마와 나가사키에 원자폭탄을 투하한 미국의 정책결정에 충격을 받고 인도주의에 입각한 학문적 패러다임의 중요성을 깨닫게 되었다고 한다. 그것이 민주주의 정책학의 탄생배경이다. 이렇게 볼 때 정책학에서 강조하는 인간의 존엄성은 국가이익에 기초한 국가의 존엄성을 뛰어넘는 인류공동체적인 휴머니즘에 기초한 인류의 보편적 존엄성임을 알 수 있다.

하지만 구체적으로 정책을 형성하고 집행하는 데 있어서 누구를 위한 인간의 존엄성인가? 혹은 누구를 우선으로 하는 가치판단인가? 하는 문제가 제기될 수 있다. 쇠고기 파동이나 대운하 문제와 같이 국민의 상당수가 반대하여 인간의 존엄성이나 정책의 적합성 판단이 비교적 자명한 경우가 있는가 하면,[48] 새만금 문제나 천성산 문제와 같이 개발과 환경의 가치가 대립하여 좀 더 정교한 분석기준이 개발될 필요도 있을 것이다.

3) 정책학은 실천적 理性을 강조한다

정책학은 실천적 이성을 강조한다. 실천적 이성practical reason이란 민주사회 시민이라면 누구나 가지는 사회공동체의 공공선과 보다 창조적인 미래를 추구하는 인간 내면에 존재하는 보편적인 인간의지를 말한다Charles Anderson, 1993: 223.

찰스 앤더슨Charles Anderson, 1993: 215-227은 인간행위의 이

성을 설명하고 규정짓는 공통된 틀로서 세 가지 이론적 흐름, 즉 1) 공리주의적 경제모형utilitarian calculation, 2) 자유주의적 정치모형liberal rationalism, 3) 실천적 이성에 기초한 숙의 민주주의 정책모형practical reason and deliberative democracy을 제시한 바 있다. 이때 1)과 2)는 인간의 합리적 이성과 개인 이익의 극대화를 가정하는 신고전파 경제학neoclassical economics과 신자유주의적 다원주의neoliberal pluralism를 의미하는 것이라면, 제3의 관점으로서 실천적 이성에 기초한 숙의 민주주의 모형practical reason and deliberative democracy은 민주사회의 보편적 시민이라면 대화와 토론을 통해 공공선과 보다 창조적인 미래를 추구할 수 있음을 강조한 성찰적 정책분석모형이라고 할 수 있다.

4) 정책학은 정책대상집단을 配慮하는 가슴 따뜻한 학문이다

정책학은 태동 자체가 인간의 존엄성이라는 가치를 표방한 윤리적인 학문으로서 태동되었다. 이에 정책학은 정책이 시행되는 정책대상집단과의 '소통'communication과 '배려'consideration를 특히 강조하는 가슴 따뜻한 학문이다. 잉그램, 슈나이더, 디레온 Ingram, Schneider, deLeon2007이 제시한 사회적 구성이론social construction theory에 의하면 "정책대상집단은 정책의 적용을 받는 집단으로서, 이미 정해진 집단이 아니라 정책결정과정을 통해 해석되고 규정되어지는 집단"이라고 본다이영범 외, 2008: 2. 한국의

정책연구에 있어서도 해당 정책의 수혜그룹수혜집단 혹은 의존집단과 비수혜그룹주장집단 혹은 이탈집단을 구분하여 분석하고, 이해관계의 상충으로 발생하는 정책갈등을 합리적이고, 형평성 있게 조정하는 정책설계를 성찰적 관점에서 접근할 수 있을 것이다. 즉, 효율성 분석 이전에 정책수요 측면에서 정책대상집단의 수요needs에 부응하는 적합성에 대한 분석이 중요하게 고려되어야 하고, 이러한 정책수요분석에 있어서 정책결정자가 견지해야 할 핵심가치는 성찰성이 되어야 할 것이다문상호·권기헌, 2009: 8-9.

정책학은 정책분석의 기준으로서 성찰성을 중요하게 고려해야 한다. 특히 인간의 존엄성 실현의 조건으로서 1) 정책의 수요분석: 정책대상집단의 수요에 기반한 정책설계인가, 2) 정책의 동기분석: 정책동기의 공익성과 소외집단에 대한 배려가 있는가에 대해서 분석해야 하며, 신뢰받고 성숙한 공동체 실현의 조건으로서 3) 정책의 거버넌스 분석: 정책대상집단의 자각적 시민의식의 성숙과 민주적 정책네트워크에 대한 참여가 이루어지고 있는가에 대한 분석은 매우 중요하게 다뤄져야 할 것이다 문상호·권기헌, 2009: 14-16.[49]

5) 정책학은 민주주의의 완성을 추구한다

정책학은 오랜 역사와 짧은 과거를 가진 학문이다deLeon, 1994: 77. 지배자를 위한 정책자문의 역사는 아주 길었으나, 인간의 존엄성을 지향하는 민주주의 정책학의 역사는 라스웰Lasswell이 표방한 1951년 이후이므로 그렇게 길지 않다허범, 2002: 293.

민주주의라 함은 절차적 측면과 내용적 측면이 포함된다. 참여, 숙의, 합의가 지켜지는 민주주의란 주로 민주주의의 절차적 측면이 강조된 것이다. 민주주의의 제도와 절차가 구비되었다고 민주주의가 성숙된 것은 아니다. 법적 요건과 행정절차법적 제도 이외에 상대방에 대한 배려와 마음, 공동체에 대한 배려와 마음이 있을 때 우리 사회는 한차례 더 성숙해질 수 있다.

1987년 이후 우리나라에도 민주주의 제도가 정치적 제도로서는 지켜지고 있지만, 민주주의가 내용이나 철학적 측면에서 성숙되었는지는 많은 의문이 제기되고 있다. 최장집 교수는 이러한 우리나라의 과제를 '민주화 이후의 민주주의'라고 표현한 바 있지만, 본서에서 필자는 민주주의의 완성을 위한 우리의 과제를 표현하는 언어로서 '성찰적 민주주의'reflexive democracy라는 용어를 사용하였다. 즉, 절차적 민주주의procedural democracy가 내용적 측면에서까지 꽃 핀 상태가 성찰적 민주주의reflexive democracy이며, 따라서 민주주의 정책학의 완성은 성찰사회의 실현으로 마무리된다고 할 수 있겠다.

2. 정책의 품격品格

개인의 성공 이면에는 그 사람의 내재된 성품이나 성품의 '씨앗'인 미덕이나 덕성이 존재 하듯이, 정책의 성공과 실패 뒤에도 반드시 그 정책이 성공 혹은 실패할 수밖에 없었던 내재된 "인자"가 존재한다. 즉, 정책에도 품品과 질質이 있다. 정책의 '품'은 근본적 의미Fundamental Connotation로서 성품Nature에 해당되며, 정책의 '질'은 기술적 의미Technical Connotation로서의 외양Technicality에 해당된다.

정책의 성공을 위해서도 보다 기술적인 외양적 조건이 있는가 하면 보다 근본적으로 지켜야 할 내재적 품격에 해당하는 조건이 있다.[50]

정책의 품격品格에 해당하는 본질적 질문들은 다음과 같다.

첫째, 국가의 보다 높은 차원과 수준의 가치를 보호하고, 고양하고, 시장하는 정책인가?

둘째, 현대의 흐름과 시대정신에 부합하는 정책인가?

셋째, 국민 개개인이 시대의 변화와 요구, 새로운 상황과 문제에 빠르고 효과적으로 적응하기 위해 각자가 적절한 대응책을 모색해 갈 수 있는 방안을 지원하고 있는가? 아니면, 국민을 잠재적 범법자 또는 자율능력 미숙자로 보아 국민의 자유와 권

리를 침해하면서 일방적으로 지도하고 통제해 나가려는 정책
인가?

넷째, 정책이 미치게 될 계층 간, 지역 간, 집단 간 분배효과distribution
or redistribution effects를 공개적으로 그리고 명시적으로 투명
하고 공정하게 다루고 있는가?

다섯째, 국정지도자는 언제라도 발생할 수 있는 정책의 실패나 오
류를 즉각 시인하고, 문제점을 찾아 해당 정책을 가차 없이
수정하거나 폐지할 마음의 준비가 되어 있는가? 정책실패로
부터 교훈을 얻을 준비는 되어 있는가? 독선에 빠져 오기나
고집을 부리지는 않는가?

여섯째, 사회문제 해결을 위한 부담의 분담과 책임의 귀속 면에서
정당성이 있는가? 민간에게 무리한 부담과 책임을 부과하고
있지 않은가? 또는, 행정책임을 모면하기에 급급하지 않은가?

3. 정책의 품격과 좋은 정책: 좋은 정책이란 무엇인가

정책의 품격品格에 대한 이상의 고민을 토대로, 정책의 품격을
좌우하는 세 가지 기준만을 꼽으라면, 그건 다음과 같다.

- 인간의 존엄에 기여하는 정책
- 사회적 약자를 보호하는 정책
- 미래의 희망을 약속하는 정책

이는 좋은 정책이란 무엇인가에 대한 고민과도 일맥상통하는 문제이다. 사회적 약자 보호의 문제가 건강한 공동체를 만들어 가기 위한 요소로서 분배와 정의에 관해 고민하는 공동체적 가치의 요소라면, 미래의 희망번영에 대한 고민은 개인의 자유주의적 가치와 경쟁의 요소 그리고 국가의 경쟁력이라는 문제 속에서 재정건전성을 고민하는 문제이며, 이는 사회적 분배와 복지적 요소가 너무 한 쪽으로만 치우치지 않도록 작동하는 균형추 역할을 하고 있는 것이다.

사회적 약자 보호와 미래의 경쟁력 가치, 이 둘은 시대적 가치, 시대적 정신, 국민들의 욕구Needs에 따라 정반합正反合의 원리 속에서 사회발전을 이끄는 양대 축으로 작동해 왔다. 하지만, 이 둘은 궁극적으로는 사회공동체에 존재하는 인간의 존엄성이라는 가치에 모두 귀결되어야 한다.

4. 한국 정책학의 시대정신은 무엇인가

최근 우리 사회에도 복지와 민생의 개념이 중요한 화두로 대두되면서 보편적 복지 vs 선택적 복지의 문제가 쟁점이 되고 있다. 무분별한 복지 포퓰리즘에 대한 비판과 함께 국가재정 건전성 문제가 우려되고 있다. 양극화가 심화되고 중산층이 붕괴되면서 복지 문제외에도 고용, 주택, 보육 등 서민생활 안정 및 지원문제가 총체적 국가 아젠다Agenda로 거론되고 있다.

하지만, 중요한 것은, 단순한 좌냐 우냐의 소모적 논쟁이 아니라 국민이 진정으로 원하는 바를 살펴 진정성 있게 다가가려는 진지한 노력과 성찰적 자세이다. 또한 복지/재정 논쟁에 있어서 중요한 것은 원칙, 시기, 우선순위에 대한 국민적 합의와 실행의 문제이다.

안병영 교수2005는, 한국의 공동체의식은 국가형성기1948-1961, 권위주의적 발전기1961-1988와 민주국가 이행기1988-1998를 거쳐 국가재편기1998 이후-로 진입하는 단계에 이르렀다고 분석한다.51 한국의 정책대상집단시민, 기업, 시민사회은 민주국가 이행기1988-1998를 성공적으로 체험하면서 민주성과 관련된 의식수준은 많이 성장하였으며, 권위주의적 발전국가의 정책가치가 상명하달top-down의 식의 일방적인 '효율성'이라면 민주국가 이행기1988-1998의 시대정신은 '민주성'이었다고 할 수 있다. 그럼, 이제 국가재편기1998 이후-의 "한국적 정책학의 정책가치政策價値와 시대정신時代精神은 무엇이 될 것인가?" 하는 문제가 중요한 화두로서 제기되는 것이다.52 이런 관점에서 현재 우리가 직면하고 있는 몇 가지 시대가치를 정리하면 다음과 같다.

1) 성숙한 민주주의가 요구

첫째, 성숙한 민주주의이다. 이는 민주화 이후의 민주주의로서, 제도와 절차로서의 민주주의를 넘어 보다 실질적 내용으로서의 민주주의를 의미한다. 거대담론에 기반한 선거와 절차로서의 제도적 민주주의를 넘어 우리 삶의 현장 속에서 실질적으로 구현되는 '삶의 정치'life politics로서의 생활 민주주의가 요구되고 있다. 이와 함께 정부와 시민 모두의 의식의 성숙과 각성을 토대로 '남의 탓'으로만 돌리는 의식과 관행을 개선하여 반성하고 성찰하는 성찰적 민주주의가 요구되고 있다. 이것이 바로 덕행에 기초한 민주주의일 것이다.

2) 성숙한 자본주의가 요구

둘째, 성숙한 자본주의이다. 지난 몇 십년 동안 우리나라는 산업화, 수출주도, 고도성장이라는 '경제성장제일주의'의 이념 속에서 앞을 향해서만 질수해왔다. 서민층에 속하는 국민들은 국민소득이 1만 불에서 2만 불 등으로 증가함에 따라 국민의 체감 행복도도 올라갈 것으로 기대하고 있었다. 서민들의 생활형편이 나아지기는커녕, 양극화와 중산층 붕괴 속에서 서민 생활고와 상대적 박탈감은 급증하고 있다. 외고, 국제고, 로스쿨 입시제도 등에서 보듯이 강남과 강북, 가진 자와 못가진 자의 자녀교육 기회제공에 대한 격차는 날로 커져만 가고 있다. 이에 서민들의 가슴은 멍들고 시름은 날로 깊어져만 간다. 최근 정치적 쟁점으로 부각되고 있는 2040세대의 표심票心 역시도 양극화와 상대적 박탈감에 대한 20-40대와 서민층의 의사표시라고 볼 수 있다. 미래에 대한 불안을 느낀 20~40대가 대안적 정치세력을 통해 '희망'과 '정의', '소통'과 '공감'의 가능성을 찾고 싶은 자신들의 의사意思를 투표로 표시한 것으로 해석할 수 있는 것이다.

정리해보자. 1) 성숙한 자본주의가 요구되고 있다. 이는 대기업과 중소기업, 중소기업과 소상공인, 또 가진 자와 못가진 자 사이에 따뜻한 공감과 이해를 요구하고 있다. 2) 따뜻한 정책을 요구하고 있다. 상생발전과 공생발전을 고무하고 격려하는 정책이 필요하고, 서민들의 아픈 가슴과 눈물을 위로하고 닦아주는 정책적 공감이 필요하다. 대기업의 기업형 슈퍼마켓이 골목상권까지 파고 들어가 구멍가게까지 죽인다면 그건 따뜻한 정책이 아니다. 3) 서민 등 소외받은 정책대상집단을 배려하는 수요중심의 정책, 수용자를 배려하는 정책이 필요하다. 일방적으로 밀어붙이는 정책, 공급자 중심의 정책은 인간의 존엄성에 해당하는 정책이 아닐 것이다.

3) 삶에 대한 품격 있는 자세, 성찰이 요구

셋째, 더 큰 관점에서의 시각도 필요하다. 즉, 삶에 대한 품격

있는 자세로서의 성찰이 필요한 것이다. 단순한 좌편향도 우편향도 아니다. 오로지 진정성 있는 의식과 삶에 대한 책임 있는 자세로서의 덕德이 필요한 때이다.

우리 사회도 이젠 다원주의가 심화됨에 따라 부문별지역, 세대, 계층 이기주의가 극심하게 되고 이에 따라 갈등분출도 심화되었다. 정부, 국민 할 것 없이 각자가 제자리에서 성찰하고 반성하며 진정성 있는 삶의 자세가 요구된다. 정부와 정치만 탓할 것이 아니다. 우리 모두의 모습과 부족함부터 살펴야 한다. 가정에서 부모의 역할과 자녀의 역할, 학교에서 선생의 역할과 학생의 역할, 정부의 역할과 시민의 역할 등 각자의 위치에서 책임 있는 삶의 자세가 요구되고 반성과 성찰을 통해 우리의 삶이 한 차례 더 성숙하고 거듭날 수 있도록 해야 한다. 우리 모두의 의식이 한차례 더 각성되고 성숙할 수 있을 때 우리 사회의 품격品格도 비로소 한차례 더 격상될 수 있을 것이다.

청년실업과 대졸실업 그리고 정의로운 국가

1. 개 요

'아프니까 청춘이다'에 대한 청년들의 열광, 여전히 존재하는 88만원세대의 아픔은 청년실업문제가 여전히 해결되지 못한 채 청년들에게 큰 아픔과 불안을 야기하고 있다는 것을 알게 해준다.

현재 한국의 20대를 88만원세대라고 부른다. 또 한국사회를 청년실업 100만 시대라고 한다. 그리고 대학진학률이 80%를 넘는 한국사회의 100만 청년실업자의 다수가 대졸이상의 고학력자들이다. 이러한 청년실업, 대졸실업은 차별받지 않고 사람답게 살 수 있을 만한 '괜찮은 일자리'가 없기 때문에 발생한다. 이러한 사회 속에서 20대 청년들은 서로 치열하게 경쟁해야 하고 소수만이 승자가 된다. 경쟁에서 패배한 다수는 평균임금 88만 원을 받는 비정규직과 실업 중 하나를 선택해야 하는 상황에 놓이게 된다.

한국의 경우, 청년실업 문제는 특히 금융위기 이후 심화되었는데 청년실업은 금융위기와 같은 경기침체와 산업구조의 급변, 대졸자의 급격한 증가, 고학력 선호사상, 대기업의 신규 채용 축소, 기업의 해외이전 등의 환경적 변화와 맞물려 더욱 심화되어 왔다.

2. 쟁 점

1) 인간의 존엄성

청년실업이 특히 문제가 되는 이유는 인간의 생존에 필요한 기본적인 욕구를 충족시키기 위해 생계를 보장하는 수단인 노동을 할 수 없기 때문에, 기본적인 인권을 유지하기 어려워진다는 점 때문이다. 그러므로 청년실업 문제는 사회불안, 사회갈등, 저출산 등의 다양한 사회문제를 야기하게 된다.

2) 공동체 구성원의 갈등

청년실업 문제는 크게 두 가지 차원에서 공동체의 갈등을 야기시킨다. 한 가지는 세대 간의 갈등으로 이는 고용이 되어 노동을 해온 기존세대와 구직활동을 하는 청년 간의 갈등 문제인데, 사회의 고령화로 인해 퇴직 년도가 이전보다 길어짐으로써 기존세대의 경제활동 기간이 증가하게 되었다. 이로 인해 구직을 원하는 청년들과 기존세대는 일자리를 놓고 갈등을 빚고 있다.

두 번째는 정규직과 비정규직 간의 갈등 문제이다. 기업이 효율성을 추구하면서 비정규직의 숫자는 급격히 증가하게 되었다. 그러나 비정규직은 정규직과 달리 복지 적용이나 각종 혜택을 받기 어렵다. 기업은 정규직에게 돌아가는 혜택이 많아 비정규직에게까지 혜택을 줄 수 없다는 입장을 고수하고 있기 때문에 정규직과 비정규직 간의 갈등은 심화되고 있다.

3) 자본주의 4.0

청년실업의 심각성이 점차 깊어짐에 따라, 사회에서는 지금과 같은 치열한 자본주의가 아니라 따뜻함을 강조하는 자본주의 4.0에 대한 필요성이 부각되고 있다. 자본주의 4.0은 행복한 성장을 추구하는 것을 목표로 하는데, 이에 따라 자본주의 3.0이 낳은 비정규직 증가나 고용문제 등의 해결을 위해 사회구성원 모두가 노력할 것을 강조하는 성찰적 패러다임이라고 볼 수 있다.

3. 시사점 / 생각해볼 문제

정의로운 국가란 무엇인가? 신자유주의 기조에 따라 국가의 효율성을 증진시키는 것이 정의로운 국가로 가는 길인가? 지금 당장은 국가경쟁력을 확보하는 것처럼 보일지 몰라도 나중에는 국가발전을 저해하는 요인으로 작용할 수도 있다.

청년실업문제가 대두된 이후 정부는 다양한 정책을 실시함으로써 청년실업 문제를 해결하고자 노력해왔다. 그러나 왜 여전히 청년실업문제는 심각하며 청년들의 불만과 사회 불안은 계속되고 있는가? 정부는 과연 청년실업의 근본적인 원인을 정확히 진단 한 뒤 올바른 처방을 바탕으로 정책을 시행했는가?

문제를 해결하기 위해서는 문제의 발생 원인을 파악하여 그에 맞는 처방을 내려야 한다. 청년 실업은 노동력 수요 측면에서는 경기의 불투명, 산업구조의 급변, 금융위기로 인한 경력직 선호현상 등으로 인해 나타난다. 노동력 공급 측면에서는 대졸인력의 증가, 노동시장의 수요 변화에 따라가지 못하는 학교 교육의 질, 구직 단념자의 증가 및 청년들의 중소기업 기피현상에 그 원인이 있다는 점이 총체적으로 고려되어야 한다.

정부가 청년실업에 대한 대책으로서 시행한 것은 '일자리 만들기'정책이었다. 그 대표적인 사례는 '공공기관 청년인턴제'로, 이는 공공기관의 대졸신입사원들의 초임을 삭감하고 이를 비용으로 삼아 청년인턴을 고용하는 정책이다. 그러나 정책시행 결과 저임금의 일시적인 일자리만이 생산되어 '정책 실패'라는 평가를 받고 있다. 실제로 인천공항의 경우 대졸초임을 25% 이상 삭감하였지만 2009~2011년 6월까지 청년인턴으로 채용된 123명 가운데 한명도 정규직으로 채용되지 못했다. 이 정책은 문제발생의 원인을 고려하지 않은 채 사회적으로 대두된 현상만을 완화하고자 하는 성찰적이지 못한 접근방법에 그 실패의 요인이 있다.

노동시장은 실물시장으로 정책이 효과를 나타내기까지는 상당한 시간이 걸린다. 따라서 정책집행 즉시 청년실업률이 감소하거나 사회문제가 해결되지는 않을 것이다. 오히려 단기에 효과가 나는 정책은 단순한 지표만 개선시키는 미봉책일 가능성이 높다. 그러므로 정책을 결정하는 정부에서는 해결하고자 하는 문제의 본질을 파악하고 그에 맞는 종합적이고 전체적인 관점에서 충분히 성찰적인 정책을 형성해야 한다. 그렇지 않으면 오히려 잘못된 시도를 여러 차례 하는 과정에서 정책의 상대방인 국민의 불신을 얻고, 사회문제는 왜곡될 가능성이 높다. 이는 단순히 고용문제에만 국한되지 않고 국가의 전반적인 국정운영에서도 강조되어야 할 것이다.

5. 국가의 위기

국가를 둘러싼 환경은 가히 총체적 위기국면이다. 국제적으로 재정위기 속에 국제정세마저 불안하고, 기후변화와 위험재난 속에 자원갈등과 기초물가는 폭등하고 있다. 양극화 심화와 함께 서민경제의 붕괴, 청년실업과 일자리 창출 등 어느 하나 만만한 것이 없다. 보편적 복지의 논쟁 속에 재정건전성에 대한 압박도 점점 더 가중되고 있다. 저축은행 사태 등에서 보듯이 우리 사회의 도덕적 해이moral hazard도 심각해지고 있다.

하지만, 이런 때일수록 근본根本으로 돌아가야 한다. 국가의 본질에 해당하는 도덕과 품격을 되새기고, 국가가 해야 할 일들에 대한 광범위한 합의도출을 토대로 국가 정책의 우선순위에 대해 명료하게 깨어있어야 한다.

6. 국가의 도덕과 품격

국가의 도덕과 품격은 그 국가를 지탱하는 힘이다. 국가의 정신이 무너지면 모두 무너지는 것이다. 공자는 국가의 덕목으로 1) 신信, 정신, 2) 식食, 경제, 3) 병兵, 국방을 들었다. 경제와 국방이 아무리 튼튼하다 할지라도 그 나라 백성들의 신뢰가 무너지면 끝이라고 하였다.

사회 공동체의 덕德이 약한 사회는 머지않아 무너진다. 건강한 구조가 아니기 때문이다. 로마의 멸망에서도 그랬다. 성과 도덕이 무너진 사회, 공정이 무너진 사회, 패권만이 난무한 사회, 폼페이 최후의 날에서 우린 그 단적인 예를 목격한다. 최근 사회과학에서도 신뢰trust, 사회적 자본social capital이 강조되고 있다. 하버드 대학의 로버트 푸트남R. Putnam 교수도 신뢰를 민주주의 요체로 파악했거니와, 조셉 나이J. Nye 교수 역시 국가의 흥망을 좌우하는 요소는 경성권력hard power 보다 연성권력soft power이 더 중요하다고 보았다. 국가의 신뢰, 도덕, 권력의 분권, 제도적 장치 등이 중요하다고 본 것이다. 즉, 국가의 도덕과 품격이야말로 국가의 물질적 토대를 넘어 우리가 지향해야 할 정신적 지표指標라 할 것이다.

7. 국정지도자의 자질: 좋은 리더란 무엇인가

국정지도자의 자질에는 여러 가지가 있을 수 있다. 국민에게 비전과 희망을 제시하는 능력, 국민 전체와 소통하며 큰 비전을 제시하는 능력, 품위 있는 권위와 함께 강한 책임감을 지는 자세, 글로벌한 감각을 지니면서 국제사회와 협력을 확대해가는 능력, 남북통일을 준비하면서 민족화해의 물꼬를 트는 능력, 국내의 다양한 갈등을 관리하면서 국민과 소통하는 능력 등등 일일이 열거하자면 끝이 없겠다. 하지만 이 모든 것을 가능케 하는 가장 중요한 덕목은 역시 도덕과 품격의 지도자일 것이다.

국정지도자는 도덕과 품격을 갖추어야 한다. 국정최고책임자가 국민의 행복을 위해 할 수 있는 일이란 실로 많기에, 그리하여 그의 역할이란 실로 막중하기에, 우리는 품격品格있는 리더를 필요로 한다. 국정최고책임자에게서 품격이 떨어지는 순간 그에게서 권위는 기대할 수 없게 되며, 그렇게 되는 순간 국민들이 그에게서 많은 역할과 큰 기여를 기대할 수는 없는 것이다.

8. 도덕과 품격의 리더십

도덕과 품격의 리더란 국민에게 좋은 지도자이다. 좋은 지도자란 국민과 함께 소통하며 진정성 있게 국민들에게 다가갈 수 있는 리더이다. 국민들의 큰 아픔을 느끼고 큰 그림 속에서 국민에게 다가갈 수 있는 지도자, 국민들의 시대적 요구를 적확的確하게 꿰뚫어 보고, 현실적 명민明敏함 속에서 국가의 미래未來까지 고려할 수 있는 지도자이다. 바로 덕행과 책임감 높은, 덕德있는 리더이다.

하벨 체코 전 대통령은 1970년대와 80년대에 체코 민주운동을 이끈 인권운동가이자 탁월한 극작가이다. 소련・동유럽 사회주의체제 붕괴의 단초를 제공한 공로로 노벨 평화상을 받은 그는 지금도 '세계의 양심'으로 높이 추앙받고 있다. 그는 한 연설에서 자신의 정치적 신념을 다음과 같이 묘사했다. "정치는 권력의 기술을 조작하는 정치가 아니고, 인간을 인공두뇌적으로 지배하는 정치가 아니고, 공리와 실천과 책략의 기술로서의 정치가 아니라, 인생의 의미를 탐구하고 지키고, 인생의 의미에 봉사하는 정치를 말한다. 실천도덕으로서의 정치, 진실에 봉사하는 정치다. 인간적 척도에 충실하고 이웃을 배려하는 정치다."

한마디로 하벨의 정치관은 인간미 넘치는 덕치德治이다. '국민을 조종하는 정치공학이 아닌 정치, 표 계산에 빠르고 유권자의 인기에 영합하는 포퓰리즘populism에 흐르는 책략이 아닌 정치,'[53] 그야말로 국민의 행복幸福을 생각하고 대의大義를 생각하고, 원리 원칙에 흔들리지 않는 철학과 덕행의 정치인 것이다. 우리에게도 그런 도덕과 품격을 갖춘 지도자가 필요하다.

변화變化와 포용包容의 힘, 넬슨 만델라

덕의 정치인

남아프리카 공화국의 넬슨 만델라는 대통령을 역임하고 노벨평화상을 수상한 것으로 잘 알려져 있다. 그러나 그의 업적이 더욱 높이 평가받는 이유는 그가 진정한 덕이 있는 정치를 실현했기 때문이다. 그는 흑인에게 처음으로 투표권을 행사하도록 하였고, 그의 몇 십년간의 끈질긴 저항으로 인해 인종차별주의의 철폐를 이끌어내게 되었다. 인종 차별의 역사가 뿌리 깊었던 남아프리카 공화국에서 아파르트헤이트Apartheid: 인종차별정책를 폐지시키는 길은 결코 쉽지 않았다. 그는 우선 자신의 주변을 변화시켰다. 종신형으로 옥살이를 하면서도 감옥에서 맨손으로 채소밭을 가꾸고, 끊임없이 스스로를 단련시켰다. 수감 되어 있는 동안에 그는 남아공 국민들을 점차적으로 설득시켜 나갔다. 인종차별 정책이 본격적으로 시행되기 이전부터 남아프리카 공화국이라는 나라는 차별주의적인 생각과 문화가 인습으로 굳어져왔던 나라이다. 백인들은 흑인들 위에 군림하는 것을 당연시 여겼고, 흑인들 또한 지배받는 것에 익숙해왔다. 이러한 사고의 틀을 혁신시킨 것이 넬슨 만델라이다. 만델라의 오랜 시간에 걸친 투쟁은 남아공 국민들에게 근본적인 인식의 변화를 불러 일으키게 되었다.

포용의 정치

만델라의 업적을 더욱 위대하게 만드는 것은 그의 포용성에 있다. 사람들은 당연히 흑인들의 핍박에 대한 보복이 있을 걸로 생각했다. 하지만 만델라는 달랐다. 과거의 인권침해 범죄에 대한 진실을 밝히고 그들을 모두 사면하였다. 만약 만델라가 백인들에 대해 진정으로 감싸 안아주는 정책을 펴지 않았다면 남아공은 내전이 일어났을 것이다. "용서한다, 하지만 결코 잊어서는 안된다"라고 만델라는 말했다. 흑인과 백인의 인종의 차이를 떠나서 모두를 감화시키는 그의 품격 있는 모습에서 전세계인들은 감동을 받았고, 탄성을 자아내었다. 우리의 현실은 어떠한가? 여야 정치지도자들의 생색내기, 내편 감싸기, 네편/내편 가르기에 국민들은 실망을 넘어 절망하고 있다. 나라의 국격을 높이기 위해서는 지도자의 품격부터 달라져야 한다. 그리고 이러한 지도자의 품격은 지도자 자신의 따뜻한 마음과 바른 덕성에서 비롯된다. 만델라의 포용성을 왜 한국의 정치현실에서는 찾아볼 수 없는 것인지, 만델라의 덕성이 왜 현재까지도 사람들의 마음 속에 큰 울림으로 남는 것인지, 모두 한번 곰곰이 생각해 볼 일이다.

〈진정한 내면의 힘, 도덕과 품격의 리더〉

세계적인 심리학자 데이비드 호킨스는 그의 저술, 〈의식혁명〉에서 Power vs. Force를 분명히 했다. 진정한 Power가 내면의 힘에서 나오는 것이라면, 외적인 Force는 표면적 힘에 불과하다. 진정한 파워기 내닌의 삼채력, 즉 인간 본성, 원리 원칙, 도덕과 같은 정신의 앙양과 고귀함과 관련되어 있다면, 외적인 권력은 표피적인 힘에 불과하다. 따라서 도덕과 품격의 리더십은 내면의 힘에서 진정한 파워가 형성되므로 그 자체로서 완전하지만, 권력과 직위에 의존한 리더십은 불완전하고 항상 새로운 힘과 에너지를 보여줄 때에 한해 권위가 선다.

내면의 힘은 생명과 에너지를 주지만 표면의 힘은 생명과 에너지를 빼앗아 간다. 내면의 힘은 도덕이나 자비심과 관련되어 자신에게 긍정적인 느낌을 갖게 하지만, 표면의 힘은 판단과 관련되어 자신에 대해 나쁜 느낌을 갖게 한다. 내면의 힘은 그냥 있을 뿐이며 자명하여 논쟁의 대상이 될 수 없지만, 표면의 힘은 적과 대면해야 하므로 늘 방어의 자세를 갖추고 있어야 한다. 따라서 도덕과 품격의 리더십은 내면의 힘을 북돋아주고, 손을 내밀어주고, 채워 주고, 도와주지만, 권력과 직위에 의존한 리더십은 끝없는 욕구로 인해 항상 소모된다.

내면의 리더는 겸손하며 결코 젠체하지 않는다. 표면적 리더는 거만하고 선동하며 애국심, 명예욕, 지배욕으로 위장한다. 진정한 국정지도자statesman는 내면의 잠재력을 활용하지만 정치꾼politi-cian은 미사여구, 선전, 표면의 힘을 이용한다. 내면의 힘은 아무것에도 거슬리지 않지만 표면의 힘은 항상 어떤 것을 거슬러 움직이므로 힘이 든다.

자신에 대한 승리는 기쁨을 주지만 타인에 대한 승리는 만족이 있을 뿐이다. 내면의 리더십은 기쁨을 안겨주지만 표면적 리더십은 만족만 남는다. 따라서 도덕과 품격의 리더십은 인격의 힘, 목적의 고귀함, 내면의 삶을 지키는 희생 등을 통해 감동적이고 우리의 삶에 의미를 주지만, 권력과 직위에 의존한 리더십은 일시적인 목표를 가질 뿐이며, 그 목표가 달성된 후에는 무의미한 공허만 남는다.

10

성찰적 국정관리와
민주주의
정책학의 완성

1_ 성찰사회의 핵심은 '智德'

2_ 성찰적 국정관리의 핵심은 사회의 '智德'을 증장시키는 것

3_ 효율성, 민주성과는 다르다

4_ 선진사회가 되기 위해선 또다른 한 차례 '성숙'이 요구

5_ 진정한 참회, 반성, 각성을 통한 상승이 필요

6_ 민주주의 정책학과 성찰사회의 실현

CHAPTER
10

성찰적 국정관리와
민주주의 정책학의 완성

1. 성찰사회의 핵심은 '智德'

성찰사회의 핵심은 '지덕'智德이다. 그것은 그동안 효율성과 민주성으론 실현할 수 없었던 부분이다. 마냥 '구하기만 하는' 효율성과 '절차적' 민주성만으론 실현할 수 없었던 부분이다. 우리 사회가 진정한 선진사회로 거듭나기 위해선 효율성과 민주성도 필요하지만, 이젠 사회구성의 질적인 내용전환으로서의 성찰성이 필요하다. 하지만, 눈에 보이지 않고, 양적인 측정이 쉽지 않아 사려 깊은 추진이 필요하리라 생각된다.

문명의 패러다임도 이미 이러한 방향으로 바뀌고 있다. 눈에 보이는 물질에서 눈에 보이지 않는 에너지를 강조하는 쪽으로 전환되고 있다. 앞으로 사회과학에서도 배려, 덕행, 책임감, 투명성의 중요성이 더욱 더 중요하게 부각되리라 생각되며, 국정관리와 정책학도 이러한 문명전환을 반영해서 한 차원 높은 이념을 정립해야 하는 시점에 와 있다.

2. 성찰적 국정관리의 핵심은 사회의 '智德'을 증장시키는 것

성찰적 국정관리의 핵심은 우리 사회의 '지덕'智德을 증장시키는 것이다. 정부내부에서도 '덕행'과 '배려하는 마음' '성찰하는 마음'에 대한 보상과 동기부여가 제도적으로 마련될 필요가 있으며, 시민참여에서도 '덕행'과 '마음'에 대한 보상과 동기부여가 제도적으로 마련될 필요가 있다. 최소한의 제도적인 장치를 통한 동기부여와 함께 진정한 참여, 진정한 배려를 장려하기 위한 조치들도 강구될 필요가 있다.

3. 효율성, 민주성과는 다르다

우리 사회의 지혜와 덕행을 증장시키기 위해서는 국정관리의 한차례 패러다임 전환이 요구된다. 그것은 효율성, 민주성과는 다르다. 이는 기존의 행정학이념과 정책학이념을 한 차원 높게 재조명하는 과제를 요구하고 있다. 보이지 않는 '마음' '동기' '수용성'에 대한 분석이 필요하고, 이를 중요한 분석변수로 다루는 연구가 점차적으로 축적될 필요가 있다.

4. 선진사회가 되기 위해선 또 다른 한 차례 '성숙'이 요구

우리가 원하는 선진사회는 어떤 것인가. 물질적으로 풍요로운 사회인가. 단순히 민주주의 제도가 정착된 사회인가. 아니면 더 나아가 물질적인 풍요, 민주적인 절차에 더하여 신뢰받고 성숙한 사회의 구현인가.

신뢰받고 성숙한 사회의 구현은 단순한 효율성, 민주성과는 다르다. 그건 단순히 물질과 제도만을 요구하지 않는다. 그건 우리 모두의 '마음'을 요구한다. 내가 먼저 반성할 수 있을 때, 잘못과 부끄러움을 진정으로 참회할 수 있을 때, 정직하고 투명하게 책임질 수 있을 때 비로소 진정한 '신뢰'와 '성숙'은 자리 잡을 수 있다. 그것은 '네 탓이오'가 아니라 나를 먼저 돌아볼

수 있을 때, 상대방을 먼저 배려하고 덕행을 쌓아 갈 수 있을
때, 즉 말하자면 의식의 각성覺醒과 상승上昇이 병행될 수 있을
때 가능한 일이다.

5. 진정한 참회, 반성, 각성을 통한 상승이 필요

총체적으로 정부-시장-시민사회, 즉 국가의 각 분야에서 이
러한 움직임이 일어나야 한다. 그런데 선후를 따지자면 정부와
정책 그리고 국정관리의 영역에서 먼저 일어나야 한다.

이를 통해 사회 각 분야 역시 쉽게 확산되어 나갈 것이다. 지
도자가 먼저 나선다면, 그리고 정부가 먼저 나서서 정책과 제도
를 정비한다면, 사회공동체 역시 쉽게 확산될 것이다.

6. 민주주의 정책학과 성찰사회의 실현

진정한 참회, 반성, 각성이 필요하다. 이를 통해 우리 모두의
인격 상승이 필요하다. 그것이 진정으로 민주주의 정책학을 구
현하는 길이고, 그것이 민주주의가 꽃핀 상태, 즉 성찰적 민주
주의가 실현되는 길일 것이다.

실패의 반조返照, 시화호의 성공 사례

1. 개 요

시화호는 행정구역상 경기도 안산시, 시흥시, 화성시 3개시에 걸쳐 있으며 주요 유입하천으로는 소하천인 반월천, 신길천, 동화천등이 있다. 서울을 비롯한 수도권과의 인접성과 수도권 인구분산 유도, 중국을 겨냥한 서해안 공업벨트를 조성할 수 있는 좋은 입지조건을 가지고 있었다. 그러나 시화호의 개발은 이상적인 방향으로 흘러가지 않았고, 속전속결식의 난개발과 환경의식 결여로 인하여 오염과 환경파괴의 주범으로 떠오르게 됐다.

하지만 그 후 정부와 시민단체, 관계 기관들은 시화호를 되살리기 위해 적극적인 수질개선대책을 세우고, 그러한 시행의 결과로 현재의 시화호는 자연 생태계가 복원되는 양상을 보여주고 있다. 또한 수질 개선과 에너지원 확보를 위한 세계 최대 규모의 조력발전소를 건립 중에 있으며 생태 복합 단지의 조성을 통해 친환경적인 공간으로 변모하고 있다.

2. 쟁 점

1) 협력의 문제

85년부터 시작된 초기의 시화호 개발은 상호간의 협력이 전혀 이루어지지 않았다. 행정부 내에서도 농림부와 건교부 간 기득권 경쟁으로 인해 소통이 단절되었고, 급하게 개발이 진행되는 과정에서 지역주민들이나 시민과 행정 당국 간에도 전혀 협력이 이루어지지 않았다. 그러나 시화호 오염의 심각성을 깨닫고, 정부, 사회, 시민 모든 주체들이 협력하여 수질개선을 위해 노력한 결과 현재의 시화호는 발전된 모습으로 변화하게 되었다.

2) 신뢰의 문제

시화호 개발은 성공적으로 시행되었을 경우, 실질적으로 지역주민들에게도 사회적, 경제적 이익을 줄 수 있었던 계획이다. 그러나 강압적인 행정과 무분별한 추진으로 지역주민들과의 이해와 동의를 구하지도 않았고, 개발계획의 효과성에 대해 진정성 있는 논의가 이루어지지 않았었기 때문에 지역주민들의 입장에서는 정부와 관계기관들을 불신하는 상황이 되었다. 이러한 실패를 반추하여 2000년 이후 조력발전소 건립과 생태복합단지 조성에 있어서는 정부의 적극적인 홍보와 책임감 있는 수질개선정책의 성공을 통해 신뢰성을 회복하였다.

초기 시화호의 시련과 실패를 성찰하여 정부, 기관, 기업, 시민단체, 일반시민들의 협력 속에 시화호를 희망의 공간으로 변모시킨 것은 성공적인 협력 거버넌스의 사례라고 볼 수 있다. 각각의 이기심에 기반을 둔 사회주체들의 갈등이 상호의 이해와 성찰을 통해 발전적인 지향점을 찾고, 모두 함께 나아갈 수 있다는 것을 보여주었다.

3) 환경 정의의 문제

환경은 불가역적이기 때문에 시화호 개발과 같은 환경정책을 추진함에 있어서 환경정의의 문제는 정부가 근본적인 초석으로 생각해야할 문제이다. 환경 개발에 있어서 그것이 정의롭기 위해서는 최소 수혜자의 조건이 개선될 수 있는 불평등, 즉 지역주민들에게 시화호 개발로 인해 생겨나는 불편함에 상응하는 혜택을 줄 수 있는 지속가능성을 충족시켜야 한다. 그러나 초기에는 시화호 개발의 가장 큰 피해자였던 지역주민에 대한 고려가 전혀 없었다. 95년 이후의 정책에 있어서는 세계적인 환경 보호의 패러다임과 더불어 이러한 환경 정의로의 성찰적인 인식이 성공 요인 중 하나라고 볼 수 있다.

3. 시사점/생각해 볼 문제

현대국가의 실존적 존재이유raison d'etre는 무엇일까? 여기에서는 극단적 대칭으로서 사회계약설과 마키아벨리즘을 비교하면서 사유해 보자. 사회계약설에 의하면 국가는 국민의 합의에 의해, 국민을 위해 존재하는 것이다. 따라서 국가 정책의 시행 목적 또한 국가의 실존 이유와 이율배반적이어서는 안 된다. 국가라는 것은 만인과 만물의 범주를 포함한다. 때문에 국가라는 테두리 내에서 정책을 시행할 때에는 정부, 시장, 시민사회, 더 넓게는 자연환경, 인문환경까지 광범위하게 고려하여 정책의 본질과 목적을 성찰해야 할 필연성이 있는 것이다.

이에 비해 마키아벨리즘적 사고에 의하면 정책 시행 목적이 정당하다면, 수단과 과정에 있어서의 정당성 역시 종속된다고 본다. 제1기 시화호의 실패가 합의부재, 소통단절, 그리고 미래예측이 결여된 일방적 밀어붙이기에 의한 필연적 귀결이었다고 한다면, 후기 시화호의 성공은 이에 대한 반성과 성찰의 결과로서 나타난 협력적 거버넌스의 성공사례라고 할 수 있다. 즉 협력적 거버넌스가 성공하기 위해서는 다양한 행위 주체들에 대한 배려와 존중이 정책 시행에 모두 녹아들기 위해서는 서로간의 충분한 의사소통과 의견 조정이 필수적이다. 소통과 조정과정에 있어서 국가의 역할은 때로는 리더, 때로는 조정자, 혹은 지지자로서 상황에 맞게 변화할 수 있어야 한다. 현대 사회의 정부가 성찰적 거버넌스를 지향해야 하는 이유가 여기에 있다. 진정성 있는 국정관리는 사회구성원들에 대한 보편적인 애정과 관심을 바탕으로 성립되며, 후기 시화호의 성공 사례에서 우리는 이러한 모습을 발견할 수 있었다. 과거의 실패를 성찰하여 미래의 성공의 원동력으로 만들어 낸 시화호의 사례는 현대의 정부가 추구해야 할 성공모형이라고 할 수 있으며, 따라서 그 구체적인 성공 요인에 대해 심도 있게 논의해 볼 필요가 있을 것이다.

11
요약 및 결론

1_ 주장과 논점

2_ 에필로그

요약 및 결론

> 21세기 인류사회가 당면한 문제는
> 개인의 가치와 인간의 존엄이 존중되는 사회를 건설하는 데 필요한
> 정책적 지혜로 귀결된다.
>
> Daniel Bell

본서에서 제시된 주장과 논점, 분석과 함의에 대해서 요약하면 다음과 같다.

1. 주장과 논점

국가의 완성이란 무엇인가? 정의롭고 도덕적인 국가란 무엇인가? 국가의 완성을 뒷받침하는 현대행정학과 정책학이란 무엇일까? 그리고 이들은 어떻게 구성될 수 있을까?

본서는 먼저 플라톤의 국가론과 톨스토이의 공동체 정신을 토대로 정의로운 국가란 무엇인가라는 문제를 탐구하였다. 산업문명 이후 진행되어온 '근대성'과 '과학기술'의 단선적 구조를 비판하면서, 이를 복합적으로 사유하는 성찰사회의 필요성을 살펴보았다. 무분별하게 진행되는 산업문명과 정보기술의 문제점을 위험사회라는 관점에서 짚어보고, '사회적 꿈과 이상'을 새기면서 공동체의 숙의와 담론을 바탕으로 성찰하는 근대성의 필요성에 대해서 논의하였다.

둘째, 동양 유교사상의 '성'性과 '이'理에 기초한 '사물의 마땅한 이치'로서의 공동체 정신을 살펴보았다. 국가는 국가대로의 이理가 있고, 시민은 시민대로의 이理가 있음을 논의하였다. '성찰'하는 국가와 '덕성'있는 시민이 함께 공동체 정신으로 깨어있고자 노력할 때, 또한 서로 배려하고 소통하는 정신을 가질 때, 도덕적 국가, 정의로운 국가는 실현될 수 있을 것이다. 플라톤은 이를 지덕체智德體로 요약했다. 강한 안보, 건실한 경제를 통한 국가의 기초체력 강화와 함께 국가는 지혜智慧와 덕성德性을 길러나

가야 한다. 개인 역시도 튼튼한 체력조건 하에서 지혜와 덕성을 쌓아나갈 때 그 개인이 속한 공동체는 건강하고 성숙될 수 있다.

셋째, '지'智와 '덕'德의 순서를 논하자면 '덕성'이 더욱 필요한 때이다. 불교사상의 '심'心에서는 '구하는 마음'과 '비추는 마음'이 있다. 우리 사회가 진정한 성찰적 공동체가 되기 위해서는 '비추는 마음'에 기초한 지덕智德의 필요성이 더욱 요긴하게 제기된다. 발전행정에서 신자유주의에 이르기까지 줄곧 강조되어온, 그리하여 어느새 우리 사회에 습관처럼 굳어버린 '구하는 마음' 위주의 경쟁과 효율은 그 도度가 지나쳐 어느새 극단적인 지역 및 집단이기주의를 잉태했으며, 이는 과도한 국가적 갈등을 초래하였다. 효율성은 쉽게 버릴 수 없는 가치이지만, 효율성에만 기초한 국정관리는 많은 문제가 있으며, 개인과 개인, 집단과 집단, 혹은 개인과 국가 간의 배려와 소통, 진정성과 투명성에 기초한 성찰적 공동체의 거버넌스 제도를 구축해 나갈 필요가 있다.

넷째, 세계화, 정보화, 민수화가 진행되면서 우리나라에서도 계층 간, 지역 간, 집단 간 혹은 개인 간 다양한 이익분출과 이해관계 대립 양상이 극심하게 나타나고 있다. 동남권 신공항 백지화, 국제과학비지니스벨트사업 등을 둘러싼 지역 간 이해관계 갈등과 함께, 한진중공업사태, 제주 해군기지사태, 한미FTA, 2040세대 등에서 보듯 노사 혹은 보수/진보의 집단/계층/이념/

세대 간 갈등이 얽히고 설키고 있다. 소위 제도적/절차적 민주화는 어느 정도 이루어졌는지 모르지만, 실체적 내용으로서의 민주화는 많이 미흡한 실정이다. 민주화 이후의 민주주의라고 불러도 좋고, 성찰적 민주주의라고 불러도 좋을 이 문제에 대해서 행정학과 정책학도 많은 검토가 필요할 것으로 보이며, 특히 민주적 국정관리 혹은 민주주의 정책학의 관점에서 민주주의를 완성하기 위한 심층적인 고민과 연구가 필요하리라 생각된다.

다섯째, 이명박 정부는 '공정한 사회' 실현을 국정후반기의 핵심 통치이념으로 내세우고 있다. 하지만, 정의, 도덕, 품격, 신뢰라는 관점에서 보다 근본적인 성찰이 필요한 것으로 보이며, 국정관리와 정책학과 같은 학술적 영역에 있어서도 성찰적 거버넌스 혹은 성찰적 공동체의 조건과 제도 등에 관해 깊은 탐구가 필요할 것으로 사료된다.

보건의료체계 거버넌스 사례보건의료미래위원회 및 성찰적 정책모형 사례광우병 쇠고기 파동에서도 검토했듯이, 향후 거버넌스 공동체 내에서 어떻게 하면 개인과 개인, 집단과 집단 사이에 '마음'을 열게 할 수 있을지, 그리하여 상호 진정성과 신뢰성을 토대로 서로 양보하고 배려하는 '소통'의 문화를 정착시킬 수 있는지, 또 이를 위한 최소한의 제도적 장치로는 어떤 내용들이 필요한지 등에 대해 보다 심도 깊은 연구가 필요할 것이다.

여섯째, 본서에서 제안한 성찰적 공동체의 공익을 실현시키는 거버넌스 기제를 다시 한 번 요약하면 다음과 같다.

1) 시민들의 효과적 참여를 위해 정부 정책과 관련한 정보가 개방적이어야 하며 투명성과 책임성을 토대로 신뢰성이 담보되어야 한다.

2) 전자정부와 지식정부에서 활용하는 제반 기제들, 지식관리시스템KMS, 스마트폰Smart Phone, 트위터Twiter, 페이스북Facebook 등의 소셜네트워크SNS 및 현대적 미디어 기제들을 충분히 활용함으로써 시민과 정부 상호 간 성찰성의 증진이 필요하다.

3) 시민과 정부관료 간 대화과정을 통해 정부 정책이 결정되어야 하며, 정부부문과 민간부문의 공사협력적 거버넌스 및 정책네트워크의 상호작용을 통해 성찰성 증진으로 이어져야 한다.

4) 제도설계, 제도 간 연계 및 조정을 통해 제도적인 질서와 균형을 유지하여 성찰적 거버넌스 체제 기능이 제대로 작동하도록 해야 한다.

5) 공적 부문과 사적 부문, 정부와 기업, 시민사회 간에는 진정한 신뢰와 등권을 기초로 거버넌스 공동체가 유지될 수 있어야 하며, 특히 거버넌스 공동체 안에서 형성되는 다양한 정책공동체는 상호 '진정성'에 기초한 '마음'의 교류의 장場으로 기능하여야 한다. 이를 위해서 거버넌스 공동체 및 정책공동체에 참여하는 각 행위자actor 및 집단group들에 대한 수요needs분석과 동기motives분석, 즉 i) 배려, ii) 소통, iii) 수용조건, iv) 수용가능성 등에 대한 사전분석이 필요하며, 투명하고 책임 있는 제도적 장

치의 지속적 보정補正을 통해 정책행위자들 간에 진정한 성찰적 역량이 증진될 수 있도록 지속적인 제도적 개선방안이 모색되어야 한다.

6) 본서는 인간의 존엄성을 지향하는 민주주의 정책학을 수용하면서 절차적 민주주의procedural democracy를 넘어선 성찰적 민주주의reflexive democracy의 완성이 필요함을 지적한다. 특히 한국인의 보편적 정서의 바탕에 깔린 정책수용자의 '마음' '심리' '문화인자'를 공식적인 분석변수로 고려할 것을 제안하면서, 시민과 공동체 그리고 정책대상집단에 대한 수요분석과 동기분석을 통해 정책수용자의 '마음'을 중히 여겨 소통하고 배려하는 성찰적 정책학이 필요하다는 점을 강조하고자 한다.

일곱째, 본서는 민주주의 정책학에서 성찰적 정책학으로의 발전적 진화가능성을 타진하면서 민주주의 정책학에 내재된 '성찰적 요소'들에 대해 주목하고 있다. 그러한 요소들은 다음과 같다.

1) 정책학은 사회공동체에 대한 理想을 강조한다: 정책학이 인간의 존엄성과 실천적 이성을 강조하는 이유도 우리 공동체를 좀 더 완성시켜 지혜와 덕행이 구비된 성찰적 공동체를 실현시키려는 정책학적 꿈과 이상이 있기 때문이다.

2) 정책학은 인간의 존엄성을 지향한다: 정책학에서 강조하는 인간의 존엄성은 국가이익에 기초한 국가의 존엄성을 뛰어넘는 인

류공동체적인 휴머니즘에 기초한 인류의 보편적 존엄성이다.

3) 정책학은 실천적 理性을 강조한다: 실천적 이성에 기초한 숙의민
주주의 모형practical reason and deliberative democracy이야말로
민주사회의 보편적 시민이라면 대화와 토론을 통해 공공선과
보다 창조적인 미래를 추구할 수 있다는 점을 강조한 성찰적 정
책분석모형이다.

4) 정책학은 정책대상집단을 配慮하는 가슴 따뜻한 학문이다: 정책
학은 정책이 시행되는 정책대상집단과의 '소통'communication과
'배려'consideration를 특히 강조하는 가슴 따뜻한 학문인 바, 정
책학은 효율성 분석 이전에 정책수요 측면에서 정책대상집단의
동기의 적합성에 대한 고려가 중요하게 다루어져야 하고, 이러
한 정책수요분석에 있어서 정책결정자가 견지해야 할 핵심가치
는 성찰성이 되어야 한다.

5) 정책학은 민주주의의 완성을 추구한다: 참여, 숙의, 합의가 지켜
지는 민주주의란 주로 민주주의의 절차적 측면이 강조된 것인
바, 법적 요건과 행정절차법적 제도 이외에 상대방에 대한 배려
와 마음, 공동체에 대한 배려와 마음이 있을 때 우리 사회는 한
차례 더 성숙해질 수 있을 것이다. 절차적 민주주의가 내용적 측
면에서까지 꽃 핀 상태가 성찰적 민주주의이며, 따라서 민주주의
정책학의 완성은 성찰사회의 실현으로 완성될 수 있을 것이다.

마지막으로, 본서는 정책의 품격에 대해 논의하면서, 한국 정
책학의 시대정신이 무엇인지에 대해 고민하였다.

정책의 품격은 근본적 의미Fundamental Connotation로서 정책의 본질적 성품Nature에 해당된다. 정책의 품격品格이 있으려면 1) 인간의 존엄에 기여하는 정책, 2) 사회적 약자를 보호하는 정책, 3) 미래의 희망을 약속하는 정책이어야 한다. 또한 정책의 품격品格이 있으려면 1) 국가의 보다 높은 차원과 수준의 가치를 보호하고, 고양하고, 신장하는 정책인가? 2) 현대의 흐름과 역사적 대세에 부합하는 정책인가? 등에 대한 고민을 필두로 시대가치, 시대정신, 국민욕구 등을 본질적으로 잘 살펴야 한다.

이에 본서는 한국 정책학의 시대정신은 무엇인가에 대해 다음과 같은 세 가지로 정리하였다.

첫째, 성숙한 민주주의를 요구하고 있다. 이는 민주화 이후의 민주주의로서, 제도와 절차로서의 민주주의를 넘어 보다 실질적 내용으로서의 민주주의를 의미한다. 거대담론에 기반한 선거와 절차로서의 제도적 민주주의를 넘어 우리 삶의 현장 속에서 실질적으로 구현되는 '삶의 정치'life politics로서의 생활 민주주의가 요구되고 있다. 이와 함께 정부와 시민 모두의 의식의 성숙과 각성을 토대로 '남의 탓'으로만 돌리는 의식과 관행을 개선하여 반성하고 성찰하는 성찰적 민주주의가 요구되고 있다. 이것이 바로 덕행에 기초한 민주주의일 것이다.

둘째, 성숙한 자본주의가 요구되고 있다. 지난 몇 십년 동안 우리나라는 산업화, 수출주도, 고도성장이라는 '경제성장제일주의'의 이념 속에서 앞을 향해서만 질주해왔다. 서민층에 속하는 국민들은 국민소득이 1만 불에서 2만 불 수준으로 증가함에 따라 국민의 체감 행복도도 올라갈 줄 기대하고 있었다. 그러나 서민들의 생활형편이 나아지기는커녕, 양극화와 중산층 붕괴 속에서 서민 생활고와 상대적 박탈감은 급증하고 있다.

따라서 이제 정책은 1) 성숙한 자본주의를 실천할 수 있는 정책을 요구하고 있다. 이는 대기업과 중소기업, 중소기업과 소상공인, 또 가진 자와 못가진 자 사이에 따뜻한 공감과 이해를 토대로 한 정책일 것이다. 2) 따뜻한 정책을 요구하고 있다. 상생발전과 공생발전을 고무하고 격려하는 정책이 필요하고, 서민들의 아픈 가슴과 눈물을 위로하고 닦아주는 정책적 공감이 필요하다. 대기업의 기업형 슈퍼마켓이 골목상권까지 파고 들어가 구멍가게까지 죽인다면 그건 따뜻한 정책이 아니다. 3) 서민 등 소외받은 정책대상집단을 배려하는 수요중심의 정책, 수용자를 배려하는 정책이 필요하다. 일방적으로 밀어붙이는 정책, 공급자 중심의 정책은 인간의 존엄성에 해당하는 정책이 아닐 것이다.

셋째, 더 큰 관점에서의 시각도 필요하다. 즉, 삶에 대한 품격 있는 자세로서의 성찰이 필요한 것이다. 단순한 좌편향도 우편향도 아니다. 오로지 진정성 있는 의식과 삶에 대한 책임 있는 자세로서의 덕德이 필요한 때이다. 우리 사회도 이젠 다원주의가 심화됨에 따라 부문별지역, 세대, 계층 이기주의가 극심해지고 이에 따라 갈등분출도 심화되었다. 정부, 국민 할 것 없이 각자가 제자리에서 성찰하고 반성하며 진정성 있는 삶의 자세가 요구된다. 정부와 정치만 탓할 것도 없다. 우리 모두의 모습과 부족함부터 살펴야 한다. 가정에서 부모의 역할과 자녀의 역할, 학교에서 선생의 역할과 학생의 역할, 정부의 역할과 시민의 역할 등 각자의 위치에서 책임 있는 삶의 자세가 요구되고 반성과 성찰을 통해 우리의 삶이 한차례 더 성숙하고 거듭날 수 있도록 해야 한다. 우리 모두의 의식이 한차례 더 각성되고 성숙할 수 있을 때 우리 사회의 품격品格도 비로소 한차례 더 격상될 수 있을 것이다.

국가를 둘러싼 환경은 가히 총체적 위기국면이다. 국제적으로 재정위기 속에 국제정세마저 불안하고, 기후변화와 위험재난 속에 자원갈등과 기초물가는 폭등하고 있다. 양극화 심화와 함께 서민경제의 붕괴, 청년실업과 일자리 창출 등 어느 하나 만만한 것이 없다. 보편적 복지의 논쟁 속에 재정건전성에 대한 압박도 점점 더 가중되고 있다. 저축은행 사태 등에서 보듯이 우리 사회의 도덕적 해이moral hazard도 심각해지고 있다.

하지만, 이런 때일수록 근본根本으로 돌아가야 한다. 국가의 본질에 해당하는 도덕과 품격을 되새기고, 국가가 해야 할 일들에 대한 광범위한 합의도출을 토대로 국가 정책의 우선순위에 대해 명료하게 깨어있어야 한다.

2. 에필로그

민주주의 정책학의 궁극적 목적은 인간 존엄성을 실현하는 데 있다. 인간의 존엄dignity을 실현하고 인간의 가치value를 고양시킴으로써 우리 사회공동체 구성원들의 인권과 정의, 자유와 존엄, 그리고 자아실현과 자아완성의 가능성이 열린 '성찰적' 사회를 실현하는 데 있다.

지구가 요동치고 있다. 기상이변과 자연재해가 끊이질 않고 있다. 지각판들이 충돌하고 지진과 해일, 화산폭발이 연이어 발생하고 있다. 극이동과 함께 자전축이 이동하는가 하면 자기장 약화에 대한 우려가 있다. 사람들은 불안에 떨고 있고, 식품, 원자재, 원유와 같은 기본 필수품들의 물가폭등, 미국경제의 회복의 불투명, 일본경제의 신용위기, 중동과 북아프리카국가들의 정치급변사태 등으로 국제정세마저 요동치고 있다.

산업사회, 정보사회, 지식사회와 같은 기존의 문명사적인 분류나 접근으로는 가히 설명하기도 힘든 현상들이 전 지구적 규모로 도미노처럼 일어나고 있는 현 시점에서, 인류사회는 전례를 찾아보기 힘들 정도의 변화變化와 단절斷絶, 그리고 대변혁大變革의 과정을 겪고 있다. 생활양식의 급격한 변화를 초래시키고 있는 정보기술, 환경오염, 자원궁핍, 그리고 이들로 인한 가치관의 혼란, 안전한 삶을 위협하는 온갖 두려움과 공포의 증대 등 우리가 지금껏 경험해 보지 못한 가능성을 현실로 경험하고 있다.

라스웰H. Lasswell이 지적한 체제질서 차원의 사회변동의 정도는 가히 혁명적이라 할 만큼 급변하고 있으며, 국정관리와 정책학에 있어서도 지금까지 존속되어 왔던 학문체계로는 대응하기 힘들 정도로 변화와 단절, 그리고 불확정성을 경험하고 있다.

국정관리와 정책학은 이처럼 급속도로 변화하는 사회를 총괄하고 조정할 책무가 있으며, 새로운 국정관리학과 정책이론은 변화하는 시대의 '새로운 문화 창조'를 이끌어 낼 수 있어야 한다.

정의, 도덕, 공정한 사회 등이 우리 사회의 핵심 가치로 등장한 작금의 현실 속에서 향후 어떻게 하면 거버넌스 체제 속에서 개인과 개인, 집단과 집단 사이에 '마음'을 열게 할 수 있을지, 그리하여 상호 진정성과 신뢰성을 토대로 서로 양보하고 배려하는 '소통'의 문화를 정착시킬 수 있는지, 또 이를 위한 최소한의 제도적 장치로는 어떤 내용들이 필요한지 등에 대해 심도 깊은 연구가 필요하다.

우리는 잠시 이곳에 머무를 뿐 영원한 지구의 주인은 아니다. 존속 가능한 지구, 문명화된 성찰사회의 실현, 그리고 미래지향적 국정관리를 위한 논리와 정책의 모색은 21세기를 당면한 우리의 끊임없는 테마가 될 것이다. 미래지향적 성찰적 정부는 21세기 사회의 소용돌이적 변화에 명민하게 '깨어 있으면서', 뉴 프런티어New Frontier 정신으로 국정을 조정하고 변화를 주도할 새로운 정책을 제시해야 한다. '인식의 전환'paradigm shift이라는 문구가 적시하듯이, 낡은 사고와 고정된 관념들을 혁파하고, 새로운 사고와 냉철한 논리로 접근해야 할 것이다.

12

성찰적 국정관리의 유형별 탐색: 성찰성을 증진하는 국정관리

1_ 성찰성의 개념

2_ 성찰성의 증진: 유형별 탐색

3_ 요약 및 결론

CHAPTER 12

성찰적 국정관리의 유형별 탐색:
성찰성을 증진하는 국정관리

성찰성이라는 단어는 그 추상성으로 인해 구체적 맥락 없이
는 파악하기가 쉽지 않을 수 있다. 따라서 여기에서는 성찰성이
란 무엇이며, 국정관리에 있어서 성찰성 제고방안은 어떤 것들
이 있는지 유형별 탐색을 통해 논의해 보고자 한다.

성찰성이란 무엇인가? 그리고 성찰성 증진의 방안에는 어떤
것들이 있는가?

1. 성찰성의 개념[54]

　성찰성은 정책의 최상위 가치에 대한 분석이념이다. 정책의 민주적 가치가 꽃 핀 개념이 성찰성이다. 이는 특정 정책이 인권, 정의, 형평 등으로 표현되는 인간의 존엄성에 대한 실현 여부에 기여하는 정도에 대한 판단과 우리 사회를 좀 더 신뢰받고 성숙된 공동체로 구현하는 데 기여하는 정도에 대한 판단을 포함한다.

　인간은 인격적으로 뿐만 아니라 육체적으로 존엄성을 가진 존재이다. 따라서 인간을 수단이나 도구와 같은 비인격적인 존재가 아닌 존엄성을 가진 존재로서 존중하는 정책이 필요하다. 또한 이러한 인간의 존엄성은 인간의 기본적 권리인권, 정의, 존엄를 보장받을 때 확보될 수 있으므로 인간의 기본적 권리를 존중하는 정책이 필요하다.

2. 성찰성의 증진: 유형별 탐색

　국정관리란 궁극적으로는 인간의 존엄성Human Dignity 향상을 위한 것이다. 국가경쟁력과 삶의 질의 제고를 통해 궁극적으로 국가 구성원들의 인간 존엄성Human Dignity; 인권, 정의, 존엄 향상을 위한 것이다. 이를 위해 대외적으로는 주권국가로서 인정을 받아야 하고, 대내적으로는 법과 질서의 유지, 경제생활의 향상, 사회복지의 향상, 환경 및 쾌적한 삶의 실현, 문화국가의 건설 등의 기능을 수행하게 된다.

국정관리에 있어서 성찰성 증진을 위해서는 유형별 접근이 유익한데, 이를 위해 여기에서는 1) 행정/정책실패구조/시스템/소통부재를 극복하기 위해 성찰이 필요한 경우, 2) 우리사회의 부문 간 이념갈등의 극복 및 사회적 약자보호를 위해 성찰이 필요한 경우, 3) 생명윤리/정보윤리/인권윤리를 위해 성찰이 필요한 경우로 나누어서 살펴보고자 한다.

행정시스템/협의부재로 인한 행정/정책실패의 경우에는 1) 부처 간 할거주의/책임회피로 인한 협의 및 조정의 실패, 2) 정부 내부의 상하단위 조직 간 시스템적 접근의 실패/전문성의 실패, 3) 정부의 투명성/ 협의성의 실패, 4) 정부의 신뢰성/책임성의 실패로 나누어볼 수 있다. 최근 우리 사회에 급속도로 만연하고 있는 부문이념, 세대, 지역간 이념갈등의 경우에는 1) 국가전체의 안보엄정한 국법의 집행 vs. 지역민 주장의 충돌, 2) 보편적 복지 vs. 맞춤형 복지복지 확대 vs. 효율적 성장, 3) 양극화 문제와 사회적 약자 보호성장 vs. 분배 등으로 나누어서 살펴볼 수 있다. 마지막으로, 윤리갈등의 경우에는 1) 생명윤리: 줄기세포와 같이 정부의 재정 지원을 통해 바이오산업의 경쟁력 제고 vs. 생명의 존엄성 충돌, 2) 정보윤리: 인터넷 실명제와 같이 인터넷 공간에서의 자율성

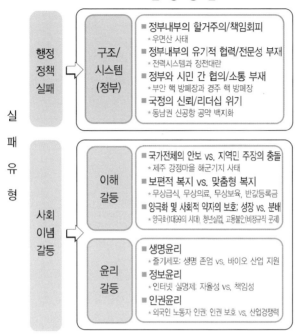

vs. 책임성 대립, 3) 인권윤리: 외국인 노동자 인권 침해와 같이 인건비 절감을 통한 국내산업의 경쟁력 보호 vs. 인간의 존엄성 충돌 등으로 나누어 살펴볼 수 있다.

1) 행정실패 / 정책실패의 극복과 성찰성 증진

(1) 부처 간 할거주의 / 책임회피로 인한 실패

부처 간 할거주의와 책임회피의 전형적인 사례로는 우면산 산사태의 정책실패를 예로 들 수 있다.

무책임한 정부, 우면산 산사태

1. 개 요

우면산牛眠山은 서울특별시 서초구, 경기도 과천시 경계에 있는 산이며, 관악산 줄기였던 이 산은 남태령 고갯길 확장으로 완전히 분리되었다. 이러한 우면산 남쪽에는 2004년 7월 23일에 자연생태공원이 만들어졌다. 그러나 이 개발이 결국 독毒이 되었고, 2011년 7월 27일에 집중호우로 대형 산사태가 발생해 우면산 밑자락에 거주하던 주민들이 큰 피해를 입는 참사가 발생하였다. 특히 한 군데도 아닌 같은 산의 세 군데에서 토사가 주택가, 길거리, 도로로 쏟아져 내려, 이 사고로 서초구에서만 많은 사상자가 발생했다. 또한 지나가던 차량들과 행인들에게도 큰 피해를 주었다.

2. 쟁 점

(1) 인재人災 vs 천재天災

우면산 산사태의 원인이 인재人災인지 천재天災인지를 놓고 여러 가지 논쟁이 계속되었다. 우선 예상치 못하게 장기간에 걸쳐 내린 기습적인 폭우에 산사태의 원인이 있으나, 근처 공군부대에서부터 고인 빗물이 원인이라는 말부터 뿌리가 깊지 않은 나무에도 원인이 있다고 보는 시각도 있다. 결국 자연재해로 결론이 났지만, 그것을 받아들이는 사람들이 얼마나 될 지 의심스러우며, 산사태의 원인을 찾는 과정에서 국가 기관들의 책임 회피는 국민들을 더욱 분노케 했다.

(2) 부처할거주의와 책임회피

산사태 주의보 발령을 요청하는 SMS를 10여 차례 발송하고, 산림청장 명의의 공문을 발송했다며 책임을 다했다고 주장하는 산림청, 산림청의 산사태 주의보 발령에 별다른 조치를 취하지 않을 뿐 아니라 오히려 궁색한 변명만 늘어놓는 서초구청, 우리는 상관없고 우면산의 토지나 지형 탓이라며 책임을 피하려고 하는 국방부. 무려 39명사망: 18명, 부상: 21명의 사상자를 만든 참혹한 일이었지만 그 누구도 책임을 지려고 하지 않았다. 그저 서로의 잘못이라며 책임 떠넘기기에 급급한 모습에서 국민들은 실망을 넘어 분개하였다.

3. 시사점 / 생각해 볼 문제

이번 우면산 산사태를 통해 과연 정의로운 국가의 모습은 무엇인지 깊이 되새겨 볼만하다. 자연재해이기 때문에 국가에게 책임이 없다면 국가는 국민들에게 떳떳할 수 있는 것일까? 그렇다면 국가의 책임은 무엇인가? 국민들의 안녕과 존엄을 보장해 주어야 할 정부의 모습은 어디에 있는가?

국가의 효율성과 민주성을 높인다고 해서 정의로운 국가라고 말할 수 있는가? 만약 그렇다고 한다면 우면산 산사태에서처럼 국민들은 계속적으로 정부에 실망을 할 수 밖에 없을 것이다. 효율성과 민주성만으로는 정의로운 국가를 표현하기에는 부족한 감이 있다. 그렇다면 무엇이 부족하며 얼마나 부족한가? 정부는 진정성을 가지고 국민들에게 다가가야 할 뿐만 아니라, 국민들의 존엄, 그리고 사회공동체의 덕德을 위한 성찰의 노력이 필요할 것이다. 그것은 단순한 수치로 값을 매길 수 없는 것일 수도 있다.

우면산 산사태에서 정부가 좀 더 국민들을 위한 책임감 있는 성찰적 태도를 보였다면, 국민들은 그만큼 분개하지 않았을 것이다. 정부는 산사태의 책임을 떠맡음으로 나타나는 손실과 비난보디는, 그들이 보호하고 지켜내야 할 국민들의 안녕과 존엄이 짓밟히는 것을 더욱 두려워해야 하는 것은 아닌지 곰곰이 생각해 볼 일이다.

(2) 정부 상하단위 조직 간 시스템적 협력 / 전문성의 실패와 성찰성
    증진

정부 상하단위 조직 간 시스템적 협력의 실패 및 전문성의
문제로는 최근 발생한 정전대란 사태를 들 수 있다.

정부협력의 실패, 대한민국 정전대란

1. 개 요

2011년 9월 15일, 대한민국이 암흑 속에 빠졌다. 늦더위가 기
승을 부리는 탓에 전력의 수요량이 공급량보다 늘어나면서 예비
전력마저 거의 바닥나는 상황에 이르자, 대규모 블랙아웃이 발생
하는 일을 막기 위해서 전력당국이 아무런 예고 없이 순환정전을
단행한 것이다. 이로 인해 학교나 상점은 물론이고 병원, 은행 등
이 혼란에 빠졌고 심지어 군사관련시설까지 제 기능을 못하게 되
었다.

정전사태의 원인으로는 여러 가지가 대두되고 있는 가운데, 관
련 기관들은 저마다 책임을 떠넘기기에 급급한 모습이다. 국민들
은 미리 순환정전과 관련된 예고가 이루어지지 않았고, 결과적으
로 수도권 46만 가구를 포함하여 전국적으로 162만 가구가 단전
사태를 겪었고 600여억 원의 금전적 피해를 입었다. 뿐만 아니라

예고 없는 정전사태로 국민들은 불안을 느끼고 큰 혼란에 빠졌다.

2. 쟁 점

(1) 협력의 문제

이번 정전 사태는 2001년 외환위기를 극복하기 위해 한전, 전력거래소, 발전소 등 8개로 구조개편을 단행했는데 이러한 상황이 더 큰 피해를 가져왔다. 현 시스템은 발전회사에서 전력을 생산하면 전력거래소는 전기수요 공급량을 예측해서 한전 각 지사에 공급량을 지시하고, 한전은 그에 따라 소비자들에게 전기를 판매하는 체계이다. 과거의 통합체제에서는 이와 같은 정전사태가 발생했을 시 30분 내에 복구가 가능했으나, 분리된 조직 체계는 유기적 협력을 어렵게 만들었다.

(2) 전문성 부재

전력의 문제는 국민의 생활에 큰 영향을 미치는데, 고도의 전문성이 요구되는 당시 전력거래소의 이사장은 전력산업의 전문가라고 할 수 없는 지식경제부 출신 공무원이고, 지경부 장관 역시 기획재정부 출신으로 전력관련 지식이 없었다. 전력관계사들의 경영진과 감사 등에는 대통령직 인수위, 한나라당 인사, 고려대 출신 등 학연과 지연으로 얽힌 정치권 인사들이 다수 포진되어 있었다. 결과적으로 정부의 해이한 도덕성이 전력 관리 기관의 전문성을 하락시키는 결과를 불러온 것이다.

(3) 배려의 문제

순환 정전을 둘러싼 관련 기관들의 태도와 전력 정책에서는 국민들에 대한 '배려'를 찾아볼 수가 없다. 현재 전기 수요량의 반을 차지하는 산업용 전기는 '써야 이익이 남는' 정도로 싸게 공급되기 때문에 재계는 에너지 과소비를 일삼아왔다. 또한 순환정전 단행 전, 정전의 예고는 주요 이해관계자들에게만 미리 통보가 되었으며 심지어 관련 기관들은 정전 뒤에도 언론 매체를 통해 상황을 알리는 노력조차 하지 않았다. 사회적 약자인 대부분의 국민들은 무방비상태에서 정전 상황을 맞게 되었고, 결과적으로 산업용 사용자의 전기요금을 국민들이 보조해주고도 애꿎게도 국민들만 또 다시 민생과 건강만 피해를 입게 된 셈이 되었다.

3. 시사점 / 생각해 볼 문제

이번 정전사태는 선진사회로 발전하기 위해 필요한 성찰성이 우리나라에 아직 부족하다는 사실을 여실히 보여준 사례라 하겠다. 효율적이고 경제적인 전력 관리 구조를 만들어보겠다며 경쟁과 민영화의 바람을 타고 이루어진 전력 관리 시스템의 분할은 결국 어떠한 결과를 불러 왔는가? 이는 효율성만 고려한 국가 정책의 위험성을 잘 보여주고 있다.

플라톤은 정의로운 국가란 지덕체의 완성을 통해 인간의 존엄성을 실현하는 것이라고 하였다. 정전사태에서조차 국민들의 존엄성을 보장해줄 수 없는 국가, 국민을 배려하지 않는 국가는 과연 언제 국민들의 존엄성을 실현해줄 수 있을 것이며, 이러한 국가의 존재 이유는 과연 무엇인가. 정전사태의 근본에 자리한 우리나라의 성찰의 부재는 결국 국가가 스스로 국가의 존재 이유를 정면으로 부정하는 것과 다름없다. 이는 곧 국가적 차원의 덕행의 부족이고 책임감의 부족이며 궁극적으로 국가공동체적인 덕德의 미완성이다.

이번 사태는 단순히 관련 책임자들을 경질하고 처벌한다고 해서 해결될 문제가 아니다. 정의로운 국가의 실현과 이상적인 국가 역할의 수행을 위해 국가는 문제의 근본에 자리한 성찰성의 부재를 반성해보아야 한다. 정전사태를 둘러싸고 국민들이 정말 무엇 때문에 분노한 것인지 스스로를 뒤돌아보는 진정한 각성이 필요할 때이다.

(3) 정부와 시민 간 협의 / 소통 부재와 성찰성 증진

부안 핵 방폐장의 실패와 경주 핵 방폐장의 성공 사례를 대비해시 생각해 볼 수 있다. 부안의 경우에는 지방자치단체 군수의 무리한 강행으로 불행한 사태가 발생한 경우라면, 경주의 경우에는 시장, 시의회, 시민, 환경단체간의 정보공유 및 투명한 협의를 통한 성찰적 거버넌스의 성공모형으로 볼 수 있다.

부안 핵 방폐장의 반면교사反面教師, 경주의 성공사례

1. 개 요

2003년 7월 11일 김종규 당시 부안 군수가 전체 부안군 인구 중 10%밖에 안 되는 위도 주민만의 주민투표를 통해 90% 찬성을 명목삼아 방사성 폐기장을 유치하겠다고 독단적인 결정을 통한 발표를 하였다. 하지만 부안 주민들의 거센 반발과 함께 끝내 유혈충돌까지 가져오는 등 부안 방패장방사성폐기물처리장 유치사업은 총체적 실패를 안겨주었다.

한편, 경주의 경우 핵 방폐장 설치 사업의 특성상 초기에 경주 내에서도 극심한 찬반 대립이 있었으나, 시 정부와 시민단체가 나서서 공청회를 개최하고 방폐장 유치의 긍정적 효과에 대한 홍보를 적극적으로 펼쳤다. 정책의 다양한 행위자들 간의 상호 긴밀한 의사소통을 통해 의견을 공유하고 합의기반이 강화되면서 마침내 경주는 핵 방폐장을 유치하는 데 성공하게 되었다.

2. 쟁 점

(1) 형평성: 주민들에 대한 보상

부안의 경우, 낮은 금액의 보상과 현실적이지 못한 이행계획 등이 주민의 반대를 촉진시켰던 측면이 있었던 반면, 경주의 사례에서는 특별법을 제정하여 '3,000억 지원, 한수원 본사 이전' 등 주민들이 실감할 수 있는 방식의 보상정책이 제시되면서 반대의 여론을 찬성으로 유도할 수 있었다.

(2) 민주성: 시민들의 참여와 의견반영도

'핵방폐장 설치'라는 의제가 형성되는 과정에서 부안의 경우 부안군 전체 인구의 10%밖에 안 되는 위도주민의 동의를 전체의 의견인양 유치하려고 하여 절차적 적법성과 타당성이 결여되었다. 하지만 경주의 경우는 유치신청 전부터 시민단체의 자발적인 참여와 유치시 이익과 시설의 안전성에 대한 시 정부의 체계적인 홍보, 공청회 개최를 통하여 정부와 주민 간의 대화시도와 의견수렴과정을 거쳐 정책의 민주성이 확보되었다.

(3) 성찰성: 신뢰와 존중의 사회

핵 방폐장 사업의 경우, 1986년 체르노빌 원전 사고처럼 만일의 경우 인간의 기본적인 생명권을 위협할 수 있다는 측면에서 인간의 존엄성 실현을 저해한다는 부정적 측면이 있다. 따라서 상당히 민감한 문제인 만큼 충분한 토론과 주민의견에 대한 숙의가 필수적이라 할 수 있다. 부안의 사례는 정부의 하향식Top-down의사결정으로 정부와 주민, 주민과 주민 간에 서로를 불신하고 자기집단의 이익만을 강조하여 갈등이 발생한 경우인 반면, 경주의 경우는 부안사례를 반면교사反面教師로 삼아 지역 주민들 간 신뢰와 지역 간 선의의 경쟁을 통하여 정책을 형성하는 성숙한 공동체의 모습을 보여주었다.

3. 시사점 / 생각해 볼 문제

최근 일본의 원전 폭발사건, 프랑스의 원전 화재사건 등으로 인하여 지속가능한 성장을 위한 가장 효과적인 대체 에너지 사업으로 평가되던 '원자력 발전시설의 안전성'에 대한 논란이 다시 일고 있다.

우리나라의 특성상 뚜렷한 대체 에너지가 개발되지 않는 현실과 전력생산의 30%를 핵발전이 차지하는 상황에서 전력생산과 국가발전을 위해 원자력이라는 잠재위험을 최소화하는 방안은 무엇인가? 아니면 정말 생명권이라는 명분으로 원전사업은 백지화되어야만 하는 것일까?

한편, 경주의 사례 또한 지금까지 성공 사례로 알려지고 있지만, 그 내면을 보면 경주시민들의 불만과 부정적인 목소리가 높아지고 있다. 선진국의 대표적 핵 방폐장 성공 사례인 포르스마르크Forsmark시의 경우와는 무척 대조를 보인다.

포르스마르크Forsmark시에 위치한 스웨덴 방폐장은 주민들의 95%가 방폐장 건립을 지지하는 가운데 세워졌다. 유럽의 아름다운 발틱 해변에 위치한 이곳은 국민의 사랑받는 휴양지이며, 기술문화의 학습장으로도 각광을 받고 있다. 스웨덴 학생 80% 이상이 이곳을 수학여행으로 다녀갔으며, 주말이면 폐기물 운반선은 일반인을 위한 파티장으로 개방된다. 무엇이 이러한 차이를 가져온 것일까?

전문가들은 1) 포르스마르크의 산업기술에 대한 문화적 바탕,

2) 과학적 지질조사 및 증거evidence에 기반을 둔 입지선정, 3) 정부당국의 진정한 소통노력 등을 꼽고 있다. 포르스마르크시의 예스퍼 담당관은 "섬유, 신발 산업을 영위하다 군수물자를 만들면서 지역 주민들이 제조업의 중요성을 절감하게 됐다"며, "특히 안정적인 전력 공급이 필수라는 점을 인정했기 때문에 원자력에 대한 거부감이 전혀 없었다"고 설명하고 있다. 당연히 포르스마르크는 방폐장을 유치하는데 국가에서 별도 혜택도 받지 않았다. 3000억 원에다 각종 지원제도가 따라붙는 한국과는 큰 대조를 보인다.[55] 왜 우리나라는 이러한 접근이 안 되는 것일까? 이제는 도로, 항만 등 사회간접자본뿐만 아니라 신뢰라는 사회자본이 더 중요하게 거론되고 있다. 서로를 존중하고 이해하려는 인식과 문화가 자양분이 되는 건강한 사회가 되기 위해 우린 어떤 노력과 성찰이 필요한 것일까? 다양한 관점에서 성찰적 국정관리의 쟁점들을 생각하게 해주는 사례이다.

(4) 국정의 신뢰와 리더십 위기와 성찰성 증진

국정의 신뢰와 리더십 위기를 초래한 정책사례로는 동남권 신공항 건설 공약 백지화를 들 수 있다.

국정신뢰의 위기, 동남권 신공항 공약 백지화

1. 개 요

동남권 신공항은 2006년 노무현 정부에서 시작됐다. 2007년 대선에서 이명박 한나라당 후보가 대선공약에 포함시켰고, 대통령에 당선된 뒤인 2008년 5월 대구에서 "대구 경북 지역이 이제 하늘이 열리고, 물길이 열리고, 이제는 경쟁력도 있는 도시로 변하게 될 것"이라 말했다. 이 대통령의 이러한 호의적 발언은 지역주민들의 기대감을 높였고 뒤에 국정신뢰의 발목을 잡는 악재로 작용한다. 그 뒤 3년 동안 동남권 신공항 입지선정 문제를 끌어오다가 끝내 백지화되었기 때문이다.

결국 이명박 대통령은 "공약을 지킬 수 없게 된 것에 대해 안타깝고 송구스럽게 생각한다. 국민에게 불편과 부담을 주고 다음 세대까지 부담을 주는 이런 사업을 책임 있는 대통령으로서 저는 할 수 없다"고 밝혔다.

2. 쟁 점

(1) 국정의 신뢰와 리더십의 위기

동남권 신공항 백지화는 정치인과 정부에 대한 불신이라는 면에서 짚어볼 필요가 있다. 정치인의 공약에서 비롯됐고, 집권 가능성이 높은 정당의 후보가 공약에 포함시키면서 지방자치단체와 주민의 기대를 높였다는 점이 문제다. 정책적 검증, 즉 객관적 타당성 조사를 하지 않은 상태에서 공약에 포함시킨 결과다. 이에 따라 이명박 정부는 1) 한반도대운하 포기, 2) 세종시 수정안 좌절, 3) 과학비즈비스벨트의 충청 유치 재검토에 이어 동남권 신공항 등 잇따른 공약 파기 혹은 불이행으로 인해 국정 리더십의 위기를 맞게 되었다.

(2) 정책의 민주성과 투명성의 문제

동남권 신공항 백지화가 더욱 큰 반발을 사게 된 것은 정책검토과정에서 투명성을 확보하지 못했기 때문이다. 동남권 신공항 백지화가 과연 민주적으로 이루어졌는가 하는 논란은 정부가 두 개의 후보지에 대한 용역조사를 3차례나 미루면서 촉발되었다. 정부는 공청회도 취소하고 선정 기준도 발표 일주일 전에야 공개했다.

(3) 국정관리의 실패

전문가로 구성된 위원회가 과다한 사업비, 환경 훼손, 경제성 미흡을 지적하면서 백지화되는 과정은 국정관리의 실패를 보여준다. 경제적 기술적 타당성을 고려하지 않고 정치적 목적에서 발표했다가, 뒤늦게 백지화 결정을 내리는 바람에 정책의 신뢰성과 일관성이 훼손됐기 때문이다.

3. 시사점 / 생각해 볼 문제

선거에서 이긴 정부는 정책의 신뢰성과 일관성을 위해 공약을 반드시 지켜야 한다. 대통령이 공약을 하고 이를 지키지 않은 행위는 비난을 받아 마땅하다. 공자는 말했다. "지도자는 거짓을 말하지 않고 약속한 일은 반드시 지켜야 한다."고. 또한 말한다. "정치란 덕德이다. 덕德이란 북극성이 제자리에 있고 여러 별이 이를 향해 도는 것과 같다." 따라서 공약을 할 때에는 앞뒤를 잘 따져보고 국민들에게 신뢰를 얻을 수 있도록 해야 한다.

하지만 득표를 위해 내걸었던 공약의 실현 가능성이 낮거나, 실제 추진시 문제점 또는 후유증이 예상되는데도 정책의 신뢰도와 일관성을 위해 반드시 공약을 지켜야 하는가의 문제는 또 다른 문제다.

이때 어쩌면 더 중요한 신뢰의 문제는, 공약을 불가피하게 지키지 못할 때는 국민을 어떻게 설득해야 하는가의 문제일지 모른다. 전문가로 구성된 위원회에 평가를 맡기고, 이를 토대로 공약을 백지화하는 프로세스만으로 충분한가? 위원회의 평가가 경제적 비용편익 분석에 머물고, 이 과정에 정책수용집단의 참여가 배제된다면 민주적 국정관리라고 할 수 없을 것이다.

전문가가 참여하는 위원회의 구성과 활동 그 자체는 민주성과 합리성이라는 면에서 비판하기 어렵다. 하지만 공약公約이 공약空約으로 바뀌면서 생기는 불신을 평가결과 발표 → 백지화 결정 → 대통령의 발표만으로 처리할 수 있는가 하는 문제는 또 다른 문제다. 선거에서 공약을 내걸고, 집권 후 거듭 약속할 때 현지에 내려가 정치적 효과를 극대화했듯이, 백지화 결정 이후에도 현지를 찾아가 설득하고 이해를 구하는 모습이 성찰적 국정관리에 더 부합하지 않을까 생각하게 된다. 다양한 관점에서 성찰적 국정 관리의 쟁점을 생각해 보게 해 주는 사례이다.

2) 사회 부문(이념/세대/지역)간 갈등 극복과 성찰성 증진

(1) 국가안보 vs. 지역민 주장

대한민국의 해군력 강화라는 국가안보의 이익과 지역민 주장이 충돌한 사례로는 제주 강정마을 해군기지 건설 사례가 있다.

국가이익과 지역주장의 충돌, 제주 해군기지 건설

1. 개 요

제주 해군기지 건설은 2006년 노무현 정권에서부터 추진됐다. 정부는 제주도 해군기지 건설을 위해 2003년 이래 제주도에서 복수의 후보지를 놓고 수십 차례의 주민설명회와 TV 토론을 거쳐왔다. 2007년 강정마을회의 건의와 제주도의 공식요청에 의해 강정마을이 후보지에 추가된 이후 공식 여론조사를 거쳐 최종 입지로 선정되었다.

2008년 8월 국가정책조정회의에서 "민군 복합형 해군기지 건설"을 국책사업총 사업비 9,776억 원으로 결정한 이후 본격적인 기지 건설이 시작되었다. 2010년 1월 항만공사 계약 체결 이후 토지보상이 완료되어 발파와 공사가 시작됐으나, 환경보호와 자연훼손이라는 이유 아래 제주도민과 야5당의 반대로 도로건설을 위한 진입조차 불가능하고, 이 때문에 원래 계획대로 공사를 진행시키기 위해 제주 4.3사건 이후 63년 만에 처음으로 육지 경찰이 제주도에 파견되는 불행한 사태가 발생하게 되었다. 이후 제주 해군기지 문제는 환경파괴, 후보지 결정절차의 적법성 문제, 지방정부와 중앙정부간의 갈등 등 각종 갈등에서 좀처럼 헤어 나오지 못하고 있다.

2. 쟁 점

(1) 국가전체와 지방정부간 갈등

첫째, 국가전체와 지방정부간의 갈등이다. 국가는 안보라는 공공재를 제공할 의무가 있고, 군부대는 군사전략상 필요한 지역에 설치되어야 한다. 중앙정부국방부에서는 한국의 수출입 물동량의 99%, 원유 100%가 제주 남방해역 항로를 이용하고 있는 지리적 중요성 때문에 제주도에 해군기지 설치가 반드시 필요하다고 한다. 그러나 안보가 주는 이익은 국가전체에 간접적으로 파급되는 반면, 그 부담은 제주도라는 지역이 직접적으로 안게 된다. 건설비용은 국가세금으로 지원되지만, 제주도가 지역 땅을 제공해야 하고, 그 기간이 수십 년 이상에 이를 것이기 때문이다.

(2) 환경·평화라는 보편적 가치와 지역주민의 선택

둘째, 환경·평화라는 보편적 가치와 지역주민의 선택 간 갈등이다. 2007년 강정마을회에서 직접 유치희망을 제주도에 건의하였고, 제주도는 강정마을뿐 아니라 도민 여론조사를 종합하여 건설을 결정했다. 그런데 2010년부터 외지인과 시민단체, 종교단체가 개입하여 반대활동을 하면서 10여 개월 이상 공사가 지연되었다. 반대 측은 제주도가 환경과 평화의 섬이므로 해군기지 건설을 반대하고 있다. 지역주민이 정해진 절차에 의해 선택한 결정을 제3자가 보편적 가치를 이유로 나중에 반대한 셈이다.

(3) 지역주민 간의 의견대립

셋째, 지역주민 간에도 의견대립이 심하다. 강정마을회, 제주도 모두 두 개의 분파로 나뉘어 갈등이 쌓여가고 있다. 제주도 주민들은 일단 갈등을 안정시키기 위해 기지건설 중단을 요청하고 있으나, 찬성 측에서는 이미 토지보상도 완료되었고, 공사 지연으로 인한 손실이 너무 막대하여 중단할 수 없다고 한다.

(4) 정책절차의 적법성 논란

넷째, 후보지 결정절차의 적법성 논란이다. 2007년 5월 14일 김태환 제주 특별자치도지사는 투표권이 있는 주민 1050명 중 78명이 참가한 도민 여론조사를 토대로 강정마을을 선정한 것이 적법성이 있느냐고 하여 절차적 적법성 논란이 벌어지게 되었다.

3. 시사점 / 생각해 볼 문제

이 문제의 본질은 국가안보의 필요성에 따른 국가이익이라는 문제와 환경보호 등에 근거한 지역주민들의 주장이 충돌하는 사태를 어떤 시각으로 보아야 하느냐에 관한 것이다. 또한 지역주민들의 주장 역시 찬반으로 나뉘어 대립해 있고, 거기에 제3자의 외부인 및 정치단체의 개입으로 문제가 더 복잡해지고 정치화된 경우라면 어디까지를 지역주민의 이익으로 보아야 하는가도 생각해 보아야 한다.

해군기지 건설문제는 비용을 부담하는 당사자와 혜택을 보는 당사자가 공간국가 vs 제주, 시간과거 vs 미래세대, 이슈환경 vs 지역발전별로 나뉘어져 더욱 성찰을 필요로 한다. 국가안보라는 국가전체의 이익과 그 부담을 국한된 지역이 떠안게 되는 문제는 어떻게 해결해야 하나? 국가안보라는 국가의 가치와 환경보호라는 생태의 가치가 충돌하면 어떻게 접근해야 하나? 환경보호와 지역발전에 대한 가치가 충돌하면 어떻게 해야 하나?

이와 함께 이 문제는 절차적 민주성 차원에서 지역사업에 얼마나 찬성하면 찬성인가? 지역사업은 어느 범위까지가 이해당사자인가? 하는 문제도 생각해 보게 한다. 직접적으로는 토지수용대상지역민이 이해당사자이다. 생활권을 같이하는 제주도까지 이해당사자로 확대할 수는 있겠다. 또한 세대 간 갈등도 생각해볼 일이다. 2007년에 제주도민이 찬성해서 사업이 결정되었음에도 불구, 몇 년 뒤 의견이 바뀌었다고 다시 조사해야할까? 아니면 옛날 결정을 그대로 실행해야할까?

전세계적으로 군사시설 건설에 지역민과의 갈등은 필연적이고 해결도 필수적이다. 갈등해결과정에서 군에 대한 신뢰가 강화될 수도 있고 추락할 수도 있다. 지역발전 역시 국책사업의 유치·반대과정에서 도약할 수도 있고 쇠퇴할 수 있다. 또한 지역과 국가 외에 환경·평화·종교 제3의 단체가 개입하여 문제는 더 복잡해지고 정치화되기도 한다. 다양한 관점에서 정의로운 국가란 무엇인가와 성찰적 국정관리의 쟁점들을 다시 생각해 보게 한다.

(2) 보편적 복지 vs. 맞춤형 복지: 복지 확대 vs. 효율적 성장

보편적 복지와 맞춤형 복지는 '복지'라는 단어가 생긴 이래로 끊임없이 화두가 되어왔다. 직접적인 이해당사자뿐 아니라 사회갈등의 주체인 다양한 정치·경제·사회단체들에게도 중요한 쟁점이 되기 때문이다. 복지가 보장해야 할 사회적 삶의 수준을 규정하는 관점으로 보편적 복지와 맞춤형 복지로 구분되는데, 이러한 구분방식은 국가의 개입 범위를 포함하는 실현방법과도 밀접하게 관련되어 있다.

맞춤형 복지는 사회적 삶에 대한 일차적 책임이 개인에게 있다는 자유주의 사상과 삶을 위한 모든 재화는 시장에서 얻어야 한다는 자유 시장 경제 원칙을 바탕으로 한다. 그에 따라 국가와 사회의 공동체적 책임과 노력은 인간다운 사회적 삶을 위해 필수적인 문제가 아니고 부가적이고 보충적인 문제로 인식된다. 따라서 개인이나 가족 혹은 직장의 노력으로는 정상적인 사회생활을 영위할 수 없는 상태에 떨어져 삶 자체가 파괴될 정도에 이른 경우에 한정하여 국가가 선별적으로 개입해야 한다는 맞춤형 복지가 주장된다. 반면 보편적 복지는 사회구성원 일반을 대상으로 하여 그 생활의 모든 측면에 나타나는 복지 결여를 다루거나 해결하고자 하는 것으로 제도적 의미를 강조하는 입장이다. 이 때 사회복지는 항구적·제도적 개념의 복지로서, 모든 사회 구성원들이 살아 있는 동안에는 언제 어디서나 제공받는 복지이다.

2012년 대선·총선을 앞두고 정치권에서 내놓는 당론들의 핵심은 바로 복지이다. 2010년 6·2 지방선거에서 등장한 무상급식 논쟁은 교육·노동·주거·의료를 아우르는 복지 논쟁으로 가열되고 있다. 이는 불안정한 경제현실과 함께 사회양극화 심화 등 분배측면 지표들이 나빠지면서 '정의'나 '공정사회' 등과 같은 논란이 제기되는 현실과 무관하지 않다. 각 정당들의 당론은 다음과 같다. 한나라당은 생애주기 단계별 복지 확대와 하위소득 70%까지 점진적 복지 확대를 내세우고 있으며, 민주당은 전면적 무상급식 확대와 의료비 보장성강화라는 기치아래 3無1半무상급식, 무상의료, 무상보육, 반값 등록금을 당론으로 정하고 있다. 민주노동당은 비정규직 등 노동문제 해결과 국가의 사회복지책임을 규정하는 것을 내용으로 하며, 진보신당의 경우 보편복지의 강화와 노동운동과 대중자치를 결합한 지속가능한 복지국가를 주장하고 있다.

이러한 각 정당들의 복지공약은 큰 틀에서 진보진영의 보편적 복지와 보수진영의 맞춤형 복지로 갈라진다. 보편적 복지란 인간의 기본권·평등·사회통합의 관점에서 경제적 능력에 상관없이 복지급여를 제공하는 제도이며, 맞춤형 복지는 한정된 자원으로 시장에서 뒤처지는 사람에게 잔여적·선별적으로 복지를 제공하는 것이다. 보수진영에서는 진보진영에 대해 보편적 복지는 포퓰리즘populism이며 세금폭탄을 불러올 것이라는 비판론을 제기하고 있으며, 진보진영은 이에 대해 증세 없는 보편적 복지는 가능하며, 보수진영은 기득권·특권의식에 젖어 있다는 식의 반론을 제기하고 있다.

아래에서는 이러한 쟁점의 가운데에 놓여있는 이슈 중의 하나인 무상급식 문제를 살펴보고자 한다. 무상급식에 대한 논란으로 한나라당과 민주당의 극명한 대립이 야기되었고, 주민투표 무산으로 급기야 서울시장이 사퇴하기까지 하였다. 무상급식 문제를 살펴보면 다음과 같다.

보편적 복지 vs. 맞춤형 복지, 무상급식 문제

1. 개 요

무상급식이 정치권에 급부상한 것은 6.2 지방선거에서부터이다. 민주당 등 야당에서는 "무상급식 전면 확대"를 공약으로 내세웠고, 여당인 한나라당과 정부는 반대의견을 내놓았다. 의무교육대상인 초·중학교 546만 명을 대상으로 전면 무상급식을 실시할 경우, 매년 1조 9,662억 원이 소요되는 것으로 추정된다. 복지에 대한 중요성을 강조하는 측에서는 비용적인 소모가 많더라도 전면적으로 급식을 실시해야 한다고 주장하였으며, 복지보다는 효율적 성장을 강조하는 측에서는 전면적 무상급식에 대해서 반대하며 부분적 무상급식의 실시를 주장하였다.

2. 쟁 점

(1) 여야의 대립, 이념별/계층별 대립

야당인 민주당과 민주노동당, 그리고 서울시의회와 서울시교육청은 전면 무상급식에 찬성하는 입장이며, 여당인 한나라당과 오세훈 시장은 전면 무상급식에 반대하는 입장이다. 이번에 무상급식이 큰 논란이 된 것은, 이것이 단순한 학교급식만의 문제만이 아니라, 이념별, 계층별 입장간의 대립까지 반영되었기 때문이다.

(2) 예산 문제: 복지 확대 vs. 효율적 성장

오세훈 시장은 서울시가 현재 종합행정을 수행하고 있기 때문에 급식에 예산을 크게 투자할 수 없다고 주장하였다. 또한 전면적 무상급식은 망국적 복지 포퓰리즘의 분기점이 될 것이라고 주장하며 서울시민들의 의견을 묻는 찬반 주민투표를 추진하였다. 그러나 4대강 사업, 한강 르네상스, 동대문 디자인 플라자 등의 사업에 쓰인 엄청난 양의 예산들을 조금만 줄이면 무상급식 수행에 별 문제가 없다는 것이 무상급식 찬성론자들의 입장이다. 예산을 낭비하지 않고 좀 더 효율적으로 이용할 수 있다는 것이다.

3. 시사점 / 생각해 볼 문제

이번 무상급식 사태를 통해 과연 정의로운 국가의 모습이란 무엇인지 되새겨 볼 만하다. 지금 정치권에서 보여주고 있는 모습이 진정 사회적 약자를 보호하기 위함인가. 아니면 국민들의 의견을 대변하는 것으로 가장한 여야 간의 패권다툼인가. 지금 한국 사회에서 벌어지고 있는 복지 논쟁은 그 초점이 국민들의 삶의 질 개선에 있기보다는 보수와 진보로 편을 갈라 마치 이데올로기적 싸움을 하는데 있는 듯하다. 정의로운 국가가 되기 위해서는 국가가 진정 국민들의 입장이 되어 진심으로 그들에게 다가가고, 그들의 시각으로 바라보는 것이 필요하다. 또 이를 위해서 여야 간의 조화로운 타협을 추구해야 할 것이다.

라스웰Lasswell은 국가정책의 궁극적 목적은 '인간의 존엄성 실현'이라고 하였고, 이를 구체적으로 실현하기 위해서는 거버넌스Governance 역량을 강화해야 한다고 주장했다. 또한 플라톤Platon

은 성숙한 공동체의 조건으로 '지덕체'를 들었다. 개인과 국가 모두가 조화를 이루는 국가가 정의로운 국가로 본 것이다. 이처럼 정의로운 국가가 실현되기 위해서는 우선 개인의 인권이 충분히 존중받을 수 있으며 인간의 존엄이 살아있을 수 있는 환경이 만들어져야 한다.

무상급식이 아이들에게 좋은 환경을 제공해주기 위해 논란이 되고 있는 것이 아니라 정당의 이익을 위해 이용되고 있는 것 같아 안타깝다. 겉으로만 여론을 반영하는 이번 '무상급식 찬반 주민투표' 논란보다는 실질적으로 국민들의 소리를 잘 듣고 정책에 반영하려는 진정성 있는 배려와 소통의 자세, '성찰적 국정관리'가 절실한 시점이 아닌가 생각해 본다.

(3) 양극화 문제와 사회적 약자 보호: 1대 99의 시대

최근 월가街를 점령하라!Occupy Wall Street라는 구호에서도 보듯이 사회·경제적 양극화 문제가 국내외적으로 점점 더 심각해지고 있다. 이번 10.26 서울시장 보궐선거에서는 2040세대의 67~76%가 박원순 후보에게 표를 몰아줬다. 20대의 실업청년실업, 비정규직 문제, 30대의 집값과 보육전월세 대란, 자녀교육비, 40대의 불안 명예퇴직, 노후불안 등 미래에 대한 총체적 불안을 표심에 반영한 결과다. 한마디로 정부 여당을 포함한 제도권 정치세력에 대한 불

신을 표현한 것이다. 이는 딱 두 마디로 요약된다. 그것은, "희
망이 없다"와 "정의가 없다"이다. 이는 또한 양극화와 상대적 박
탈감에 대한 불만표출로서, 이명박 정부가 추진해 온 성장위주,
기업위주의 신자유주의적 경제정책에 대한 반발이기도 하다. 아
래에서는 신자유주의 경제성장 기조와 사회적 약자 보호의 충
돌로서, 1대 99의 시대의 문제점을 짚어보도록 하자.

신자유주의 경제성장 vs. 사회적 약자 보호, 1대 99의 시대

1. 개　요

월가街를 점령하라!Occupy Wall Street 2011년 10월 17일 뉴욕
맨해튼에서 시작된 미국 젊은이들의 점거 시위는 보스턴, 로스앤
젤레스, 워싱턴 등 다른 도시로, 또 다른 국가로 "들불처럼" 번지
고 있다. 상위 1%의 탐욕에 맞서 99%를 위한 정의를 외친다. 금
융자본의 탐욕과 부패를 규탄하는 이들의 비탄悲嘆과 절규絶叫의
목소리가 비수匕首처럼 자본주의 심장에 꽂히고 있다.

2008년 글로벌 금융위기의 주범이었던 금융회사들이 천문학적
규모의 공적자금 덕분에 여전히 막대한 수익을 올리면서 수천만
달러 연봉과 성과급으로 '월가 탐욕잔치'를 벌이고 있는 부조리한
현실에 대한 분노가 미국 젊은이들을 거리로 내몰고 있는 것이다.
월가로 상징되는 금융세계화에 대한 분노이지만 결국은 양극화와

불공정 심화에 대한 항의다. 미美國 청년들의 시위 사태는 부자들이 공생共生의 정신을 발휘하지 않고, 정치권이 각성하지 않는다면 자본주의가 심각한 위기를 맞을 수 있다는 경고인 것이다.

우리나라도 예외가 아니다. 서울광장 일대에선 "Occupy 서울" 집회가 열리는가 하면, 1%의 탐욕과 빈익빈 부익부貧益貧 富益富의 불평등을 참다못한 99%의 항의 목소리가 점점 더 커지고 있다. 취업을 얻지 못한 청춘, 비정규직들의 고뇌, "아픈 청춘"들의 고충과 한탄의 목소리가 대한민국의 미래를 암울하게 만들고 있다. 청년 실업과 고학력·저임금에 대한 젊은 층의 불만, 학위와 스펙을 갖추고도 취업을 못한 젊은이들이 느끼는 박탈감과 좌절감은 위험 수위에 이르고 있다.

그런 와중에서도 부산 저축은행 사태로 보여준 금융권과 금융당국의 총체적 도덕적 해이解弛에 이어 최근 또 다시 금융회사들불과 몇 년 전 천문학적 국민세금과 정부의 공적자금으로 회생한 금융회사들의 보너스·배당잔치가 국민들의 비난을 사고 있다. 은행을 비롯한 금융회사들은 한국경제를 두 번이나 위기로 몰고 갔지만 그때마다 '국민의 혈세'인 공적자금으로 살아남았고, 금융사들은 위기를 넘기면 서민과 소자본 중소상인을 대상으로 이자와 수수료를 챙겼다. 금융권의 이익은 올해 사상 최대치를 기록할 것으로 전망되고, 대부분은 외국인과 지배주주 등 소수에게 돌아갈 것으로 보여 문제를 더욱 심각하게 만들고 있다.

2. 쟁점: 신자유주의와 경제성장 vs. 사회적 약자 보호

현現정부 들어 신자유주의와 성장이라는 경제기조가 확산되면서, 이러한 1대 99의 양극화 현상이 더욱 심화되었다는 비판이 일고 있다. 정부 개입을 최소화하는 작은 정부를 지향하고 시장의 효율적 자기조절과정을 믿는 신자유주의의 정책은 금융시장의 각종 규제를 획기적으로 줄였다. 대기업 중심, 수출 중심의 경제성장을 위한 저금리·고환율 정책의 실시와 함께 2009년 대표적인 금융규제 법안이었던 금산분리 법안이 무력화되었고, 부동산 거품과 가계부채 증가를 막을 총부채상환비율DTI 규제는 사실상 그 기능을 상실했다.

규제의 무풍지대에서 2008년 금융위기를 넘긴 금융사들은 적극적인 수익을 추구하고 이를 주주들에게 돌려주는 것을 최고의 가치로 받아들였다. 뿐만 아니라 가계대출 증가를 억제하라는 금융당국의 지시가 내려진 2011년 8월, 시중은행 일부가 가계대출을 사실상 전면 중단하자 추석과 이사철을 앞두고 돈 쓸 일이 많아진 서민들은 돈을 구하지 못해 발을 동동 굴렸고 결국 금리가 높은 제2금융권을 기웃거려야 했다. 이처럼 서민들의 가계 빚이 늘어나고 있는 상황에서 은행들은 "대출 중단은 은행이기를 포기한 행태"라는 감독당국의 압박에도 불구, 대출 금리를 올리며 수익을 계속 키웠다. 이렇게 사회적 약자 보호라는 중요한 정책목표를 간과한 성장 위주의 신자유주의 정책이 배부른 자는 더욱 배를 불리고 배고픈 자는 더욱 배를 곯는 1대 99의 상황을 만들어 서민들의 불만을 사고 있는 것이다.

3. 시사점 / 생각해 볼 문제: 자본주의 4.0과 성찰적 국정관리

J. Rawls의 정의의 제2원리 — 상대적 평등의 원리차등조정의 원리와 연계하여 우리는 다음과 같은 두 질문을 던질 수 있다. 지금 우리가 직면하고 있는 1대 99라는 사회적·경제적 불평등은 과연 모두에게 동등한 기회가 주어진 상태에서 정당하게 이루어진 것인가? 또한 우리나라의 정책은 가장 불리한 입장에 있는 사람들에게 최대의 이익을 주려고 하고 있는가? 그리고 이러한 양극화 문제를 해결하기 위해서는 무엇이 필요하며, 또 어떻게 해야 하는가?

시장주도 신자유주의의 열풍 속에서 소통과 배려와 덕행에 기초한 열린 공동체를 강조하는 따뜻한 자본주의, 일명 '자본주의 4.0'은 바로 이러한 문제에 대한 해결책으로서 새롭게 등장하게 된 반성적·성찰적 패러다임이다. 경제평론가 A. Kaletsky의 저서 『자본주의 4.0』에서 유래한 자본주의 4.0은 기업시장의 이윤추구는 존중하되, 고용과 나눔 등의 사회적 책임을 강조한다. 예를 들어 앞에서 언급했던 경제성장을 위한 여러 가지 규제완화와 같은 정책들을 정부가 실시하였을 때, 이로 인해 이득을 얻게 되는 각종 기업이나 금융권 등은 가장 불리한 입장에 있는 사람들에게 이를 일정 부분 나누는 등의 사회적 책임이 발생한다는 것이다.

이는 자발적으로 이루어질 때 가장 이상적이지만 지금은 정책적 도구를 동원해서라도 이를 실현하는 데 도움이 되는 분위기 조성이 필요할 것이다. 또한 이러한 정책을 형성할 때에도 정부·시장·시민사회 간의 많은 대화와 소통이 필요하다. 이러한 점에서 볼 때 자본주의 4.0, 그리고 이를 행정과 정책의 입장에서 생각할 때의 성찰적 국정관리는 이 시점의 새로운 패러다임으로서 양극화 문제 해결에 많은 시사점을 주며 또 생각할 거리를 남긴다.

3) 생명윤리 / 정보윤리 / 인권윤리와 성찰성 증진

(1) 생명윤리

바이오산업의 경쟁력 제고를 위한 줄기세포 지원에 최근 정부는 R&D 예산으로 1000억 재정지원계획을 발표하였다. 여기서 대두되는 쟁점은 정부 예산지원을 통한 바이오산업 육성이라는 가치와 생명의 존엄성생명윤리이라는 가치의 충돌이다.

바이오산업 육성 vs. 생명 존엄성, 정부의 줄기세포 지원 정책

1. 개 요

지난 2011년 10월 17일, 황우석 박사 연구팀은 코요테 복제에 성공, 복제 코요테 8마리를 경기도에 기증해 이에 대한 국민의 관

심이 집중되고 있다. 한편, 최근 줄기세포 치료에 대한 국민적 관심의 증가와 아울러 '줄기세포' 강국으로 재도약하기 위해, 정부가 줄기세포 R&D 예산으로 올해보다 67%403억 원 증가한 총 1천억 원교과부 494억 원, 복지부 459억 원, 지식경제부 28억 원, 농림수산식품부 23억 원 등을 편성할 예정이라고 9월 20일 밝혔다. 그러나 이에 대해 인간의 존엄성과 생명윤리에 위배 된다는 반대의견이 계속 제기되고 있다.

2. 쟁 점

(1) 윤리성의 문제

줄기세포 문제의 핵심은 '어디까지를 태아로 보느냐'에 대한 기준에 관한 논란이다. 과학계는 수정란이 만들어진 후 14일까지의 배아는 원시선조류, 파충류, 포유류의 배 발달 단계 중 초기에 형성되는 조직이 생기지 않기 때문에 생명체가 아닌 세포덩어리라고 주장한다. 반면 종교계는 수정란이 만들어지는 순간 생명체가 탄생한 것이므로 배아에 손을 대는 것은 생명체의 존엄성을 파괴하는 행위라며 반발하고 있다.

(2) 맞춤형 아기와 인권의 문제

맞춤형 아기로 탄생한 생명체는 인간인가. 2009년 미국에서 개봉된 '마이 시스터즈 키퍼'란 영화에서는 언니 케이트의 병을 치료할 목적으로 태어난 맞춤형 아기, 안나에 대한 이야기를 다루고 있다. 치료목적으로 태어났더라도 엄연히 하나의 인간인 이상, 인간의 권리와 존엄성을 존중해야 한다는 것이 쟁점이다.

(3) 안정성의 문제

체세포 복제를 통해 태어난 양, 돌리는 일찍 노화가 찾아오는 바람에 평균 양들의 수명보다 오래 살지 못했다. 더욱이 인간의 신체 세포는 워낙 방대하고 복잡하게 이루어져 있어서 면역거부반응 등 과학적 안정성 문제는 누구도 확신할 수 없을 것이다.

3. 시사점 / 생각해 볼 문제

줄기세포 및 배아복제의 문제에 대해 국가가 취해야할 입장은 무엇일까? 국가를 부강하게 만드는 것이 국가의 가장 중요한 역할일까. 아니면 작은 생명의 단위라도 소중하게 여기어 하나의 존엄의 단위로 존중해 주는 것이 정의로운 국가의 모습인가.

정부의 줄기세포·배아복제 문제에 있어 정의로운 국가의 모습은 무엇일까. 과연 인간의 존엄성은 무엇이며, 어디까지를 그 존엄성을 지키는 생명윤리로 보아야 할 것인가. 인간의 존엄성과 생명윤리를 위배하면서까지 과학기술에 대한 국가지원은 필요한 것인가. 아니면 인간존엄성과 생명윤리를 위해 국가경쟁력과 세계시상에의 신출을 포기할 것인가. 국가경쟁력을 확보하는 동시에 인간존엄성을 보호하는 현실적인 대안은 없는 것인가? 그렇다면 그것을 위한 국가의 역할은 무엇인가? 다양한 관점에서 정의로운 국가의 쟁점들을 생각해 볼 필요가 있을 것이다.

(2) 정보윤리

인터넷 실명제 논란이 지속되고 있다. 쟁점은 인터넷 공간의
자율성 보장이라는 가치와 책임성 강화 필요성이라는 가치의
대립이다.

인터넷 공간에서의 자율성 vs. 책임성, 인터넷 실명제

1. 개 요

인터넷실명제는 '정보통신망이용촉진 및 정보보호 등에 관한 법
률' 제44조의5에 따라, 하루 방문자 10만 명 이상의 사이트에 게
시 글이나 댓글을 남기려면 이용자의 실명과 주민등록번호 등 본
인확인 과정을 거치도록 한 이른바 '제한적 본인확인제'를 말한다.
지난 7월 SK커뮤니케이션즈가 서비스하는 네이트, 싸이월드 등의
사이트가 해킹을 당해 3,500만 명의 개인정보가 유출되는 사건이
발생하였다. 이번 사태의 원인이 개인정보를 수집하는 '인터넷 실
명제'에 있다는 여론이 확산되면서, 인터넷 실명제 폐지를 둘러싼
찬반 논란이 뜨거워지고 있다.

2. 쟁 점
(1) 표현의 자유
인터넷 실명제의 가장 큰 쟁점은 '표현의 자유'를 어디까지 인정

하느냐에 대한 문제다. 정부 측찬성에선 악성 루머성 댓글이나 개인신상정보 공개, 인신공격 등의 사이버 폭력을 막기 위해 표현의 자유를 일정하게 제한해야 한다고 주장한다. 한편 IT업계와 시민단체 측반대에선 정치적으로 민감한 반대의견 표출이나 내부고발 등을 위해선 익명이 필수적인데, 인터넷 실명제 때문에 표현의 자유가 제한된다는 입장이다. 인터넷 실명제 실시 후 악플은 겨우 1.7% 감소한 반면, 전체 댓글 수는 무려 68%나 줄어들었다는 한 조사결과를 예를 들고 있다.

(2) 정책의 효과와 부작용

인터넷 실명제 정책의 효과와 부작용에 대해서도 찬반 양측 입장이 다르다. 반대 측에선 인터넷 실명제가 사이트들의 개인정보 수집을 부추기면서 개인정보 유출 가능성이 높아지는 등 부작용이 더 크다는 입장이다. 반면 정부 측에선 개인정보 해킹은 기업의 보안을 강화해서 해결해야지, 아직 시행된 지 4년밖에 되지 않은 정책을 명확한 근거 없이 폐지할 수 없다는 입장이다.

(3) 정책의 실효성과 형평성

정책의 실효성과 형평성에 대히어도 2009년 4월 구글 유튜브가 인터넷 실명제 적용을 거부하며 한국 계정에서의 글쓰기를 차단함에 따라 국내 이용자들이 외국계정을 통해 업로드 하는 사례와 트위터나 페이스북과 같은 소셜네트워크서비스SNS에서 이뤄지는 댓글은 규제대상에서 제외하고 있는 문제 등이 제기되고 있다.

3. 시사점 / 생각해 볼 문제

인터넷실명제가 얼마나 적합한 제도인가에 대해서는 보다 성찰적 입장에서의 접근이 요구된다. 인터넷의 책임성을 강조하며 그 효율성 측면에서 인터넷실명제를 주장하는 입장과, 인터넷에서의 자율성과 표현의 자유를 보장하기 위하여 그 민주성 측면에서 인터넷실명제를 반대하는 입장에 대해 어느 한쪽도 과소평가할 수 없기 때문이다.

인터넷 실명제는 '정의로운 국가'로 가기 위한 첨예한 요건들이 팽팽히 대립하는 지점에 있다. 정책 결정자들은 개인의 표현의 자유를 우선시해야 하는가 아니면 명예훼손이나 사생활 침해를 중시해야 하는가에 대한 정의로운 판단을 해야 한다. 창이냐 방패냐, 둘 중 국가는 무엇을 선택해야 할까? 또 새롭게 도입된 정책을 정착시키기 위해 어떤 프로세스가 필요한 지에 대한 고민도 필요하다.

우선 일정기간 정책을 일관성 있게 추진할 것인가? 아니면 대중의 반응에 유연하게 대처할 것인가? 만약 정책 수정을 할 경우 이에 대한 기준을 어떻게 설정할 것인가시행기간, 효과 및 부작용, 국익에 미치는 영향 등? 이와 함께 정책 결정자들은 점점 국가 간 장벽이 사라지고 있는 글로벌 시대에, 국내기업의 피해를 최소화하면서 정책을 효율성 있게 집행하는 접점을 찾아야 한다. 특히 국가라는 지리적 경계가 무의미한 인터넷상에서 실명제 도입 취지를 살리면서, 국내 IT기업의 경쟁력을 떨어뜨리지 않는 제3의 길은 없는가에 대한 세심한 판단이 필요하다.

(3) 인권윤리

외국인 노동자 인권 침해 논란이 그치질 않고 있다. 여기에서의 쟁점은 인건비 절감 등을 통한 국내산업의 경쟁력 보호에 치중할 것인가와 글로벌 시대의 우리나라 위상에 부합하는 인간의 존엄성인권 가치에 대한 대립이다.

국내산업의 경쟁력 보호 vs. 인간의 존엄성, 외국인 노동자 인권 침해 논란

1. 개 요

외국인 노동자들의 열악한 노동환경문제와 인권침해의 문제가 지속적으로 대두되고 있다. 우리나라의 외국인 노동자정책의 시작은 1991년부터 시작된 산업연수생제도에서 찾을 수 있다. 그러나 이 제도는 연수생신분이라는 제약조건으로 노동자로서의 권리 보호측면에서 취약점을 안고 있었다. 지속적인 임금체불, 송출비리, 폭행, 사업장이탈 등의 폐해를 양산했던 것이다. 이에 정부는 2003년 '외국인근로자의고용등에관한법률'을 제정하고, 2004년 8월 고용허가제를 시행하였다. 그러나 이러한 법·제도의 도입 이후에도 외국인 노동자들에 대한 인권침해의 문제는 여전히 발생하고 있는 실정이다.

2. 쟁 점

(1) 인권人權 문제

외국인 노동자의 인권문제에 있어서 중요한 쟁점은 외국인 노동자를 어떻게 볼 것인가 하는 것이다. 산업계에서는 국내산업특히 중소기업의 가격경쟁력 확보를 위한 값싼 노동력의 공급이라는 측면에서 외국인 노동자를 바라보는 반면, 인권단체에서는 사회의 소수자로서 보호를 받아야하는 보편적 인권의 관점에서 바라보고 있다. 이러한 기본적인 배경에 더하여 불법체류자의 문제까지 고려하면 문제는 더욱 복잡해진다. '불법' 체류자가 가지는 그 법적 성격불법성으로 인하여, 이들은 더욱 인권의 사각 지대로 몰리게 되고, 더욱 더 인권침해 논란은 심각해지는 것이다.

(2) 임금賃金 문제

외국인 노동자들의 노동시장은 주로 임시직과 시간제이며 급여 수준은 가장 낮은 수준이다. 시간당 임금비교에서도 내국인 노동자에 비해 낮은 수준이며, 임금체불의 경우세도 외국인 노동자의 이직을 방지한다는 명분으로 마구 남용되고 있다.

(3) 산재産災 문제

외국인 노동자들의 노동시장은 주로 3D업종이며, 이들은 산업재해 위험에 전면적으로 노출되어 있다. 그리고 대부분 불법체류자나 임시직 신분으로 있기 때문에 법적보호의 사각지대에 놓여 있는 것이다.

3. 시사점 / 생각해 볼 문제

외국인 노동자의 인권문제는 과연 정의로운 국가는 어디까지 그 정의로움을 행사해야 하는 문제로 귀결될 수 있다. 또한 세계화로 인해 거의 유명무실해진 국경과 경계 등 변화된 환경 속에서 보편적 인권에 대한 재조명에 관한 문제이다.

우리나라는 세계 12위의 경제력을 보유하고 있고 OECD 회원국이라는 위상을 가지고 있다. 하지만 그 위상에 걸맞게 사회적 약자인 외국인 근로자들에 대한 인권을 보장해주고 있는가. 인건비 절감을 통한 국내산업의 경쟁력 강화로 단순한 효율성이 높아진다고 해서 정의로운 국가라고 할 수는 없을 것이다. 인간의 존엄성과 인권을 보장하는 성찰성에 대한 고려는 인간의 존엄성을 표방하는 정책학에서 핵심가치이기 때문이다. 오늘날 세계는 국경의 개념이 무의미할 정도로 하루가 다르게 개방화되고 세계화되고 있다. 나날이 세계화되어가는 현대사회에서 국가는 외국인 노동자를 어떻게 바라봐야 하는지, 그리고 이들의 권리를 어떻게 보호할 것인지, 변화한 환경에 걸맞은 국가적 성찰이 필요한 때이다. 글로벌한 환경에 부합하는 정의로운 국가는 과연 무엇인지에 대해서도 생각해 볼 때이다.

3. 요약 및 결론

'정책'이라는 이름으로 결정이 이루어질 때에는 어떤 의미로든 당위성이 포함되어 있다. 사회에 해악을 끼칠 의도로 정책결정이 이루어지는 경우는 없을 것이기 때문이다. 하지만, 정책에 따라서는, 의도적이든 의도하지 않았던, 그 정책에 내포된 성찰성 가치의 정도가 분명히 차이가 나기 때문에, 바람직한 국정관리를 위해서는 정책의 이러한 상위 차원의 가치에 대해 좀 더 명확히 고민할 필요가 있는 것이다.

정책에 따라서는 사회문화 정책과 같이 국민의 삶의 질이나 신뢰 제고에 직접적인 영향을 미치는 정책도 있을 수 있고, 경제 산업 정책과 같이 국가의 경제적 경쟁력 제고를 통해 간접적으로 국민의 삶의 질에 영향을 미치는 정책도 있을 것이다. 방사성 핵 폐기물 정책처럼 원자력 산업의 평화적 이용과 국가 에너지 정책을 위해 필요한 정책이면서도, 원자력의 특성상 혹시 초래될 수 있는 핵 폐기물의 안전적 관리와 국민의 건강권을 위해 '안전'이라는 가치에 매우 진지한 접근이 요구되는 정책도 있을 것이다.

이 장에서는 성찰적 국정관리의 다양한 사례탐색을 시도해 보았다. 우면산 산사태나 정전대란에서 보듯이 행정실패/정책실패로 인해 정의로운 국가를 향한 성찰적 국정관리의 메시지가 비교적 분명한 경우도 있었지만, 바이오 산업지원이냐 생명의 존엄성 우선이냐, 인터넷의 자율성이냐 책임성이냐, 국내산업 보호냐 외국인 인권 보호냐의 경우처럼 국가의 가치판단이 필요한 경우도 있었다. 최근 들어 부문별세대별, 이념별, 지역별 이익 충돌이 심화되면서 제주 강정마을 해군기지 사태에서 보듯이 국가적 차원의 갈등관리가 중요해지고 있다. 또한, 보편적 복지와 맞춤형 복지에 대한 이해대립도 심화되고 있다.

최근 우리사회의 정의에 대한 '목마름'은 점점 더 심해지고 있다. 양극화와 상대적 박탈감 속에서 1대 99의 시대라고 불리는 현시점은 신자유주의적 성장기조에 대한 재검토를 요구하고 있다. 기업, 수출, 성장위주의 정책이 고용, 복지, 행복에 대한 체감으로 이어지리라 생각했던 '기대감'이 무너지면서 일부 금융권과 정치권의 탐욕과 부패에 대한 '실망감'이 분노로 표출되고 있다.

2011년 10·26 서울시장 보궐선거에서 젊은 유권자들은 야권 후보에게 70%대의 표를 몰아주었다. 2012년 4월에 실시된 총선에서의 수도권 표심 결과도 유사하게 나타났다. 일자리, 교육, 주택 등 20~40대와 서민들의 불안과 이명박 정부에 대한 불만이 표심에 반영된 것이다. 양극화와 상대적 박탈감에 대한 불만 표출과 함께 새로운 희망을 대안적 정치세력에서 찾고자 하는 이들의 절박한 표심이라고 해석된다. 청년실업과 고용불안에 시달리고 있는 20대, 아파트값, 전월세 대란, 일자리 불안에 시달리는 30대, 자녀 교육비, 생활고, 미래 불안에 총체적으로 시달리는 40대들은 제도권 정치에 대한 반발심으로 새로운 대안적 '희망'을 찾고 있었다. 이들은 단순한 복지 논쟁을 넘어서서 고용·주거·교육·의료에 대한 '따뜻한' 배려를 원하고 있었으며, 이를 위해 어쩌면 기업과 성장위주의 패러다임이 아닌 고용과 행복위주의 패러다임으로의 경제정책 전반의 정책기조基調 전환을 요구하고 있다.

정의로운 국가의 바람직한 정책이, 1) 인간의 존엄성에 기여하는 정책, 2) 사회적 약자를 보호하는 정책, 3) 미래의 희망을 약속하는 정책이라면, 이제 정부는 이러한 목소리에 귀를 기울여야 한다. 다만, 사회 공동체에 대한 안전망을 강화하는 정책이 재정건전성을 바닥낼 정도로 지나쳐서 미래의 희망이나 번영을 고려하지 못하는 우愚를 범해서는 안 될 것이다. 어디까지나 정책의 현실적 명민明敏함도 필요한 것이다.

정책에 있어 모든 경우에 통용되는 '정답'은 찾기 어려울지 모른다. 그래서 어쩌면 정작 중요한 것은 정부 및 국정지도자의 '진정성'이며, 국민들과 진지하게 숙의하고 고민해 함께 답을 찾아나가려는 배려와 성찰의 '과정'인지도 모른다. 국민이나 지역주민들과의 진정성 있는 대화나 배려혹은 위로와 격려를 보이지 않고, 이들을 하나의 객체로 취급한다든지 중요한 절차를 적당히

얼버무린다든지, 혹은 단순히 하나의 경제적 잣대나 B/C 분석
으로만 정책을 판단하려고 하는 것은 더 큰 무리수를 낳게 된다
는 점을 우린 다양한 사례를 통해 배울 수 있었다. 정책학의 근
본대의가 인간의 존엄성Humanism/Human Dignity 증진, 즉 사람에
대한 따뜻한 배려와 공동체에 대한 훈훈한 인간미에 있다는 고
전적 교훈을 잊어서는 안 될 것이다.

◈ 전체개요: 핵심 Point 요약 ◈

1. 성찰사회란 무엇인가? 국가의 당위성으로서의 성찰
                        국가의 목적론적 완성으로서의 성찰

   성찰사회

   개인적 차원

   공동체 차원

   성찰 = 인간의 완성 = 지혜(이성, 머리) + 덕성(감성, 가슴)
       = 좌뇌 + 우뇌 = 남성성 + 여성성 =Awakening=Enlightenment
       = 빛의 인간
   성찰 = 국가의 완성 = 국가적 차원에서의
           지혜(이성)와 덕성(감성)의 조화
       = 빛의 사회

   * 전구 = 양전자 + 음전자 = Filament = Sparkle = 빛

2. 무엇을 성찰할 것인가?

3. 성찰사회와 이(理)

4. 성찰사회와 심(心)

5. 민주주의 정책학과 성찰사회: 인도주의, 초기행태주의, 실용주의

6. 성찰사회의 내용으로서의 지와 덕

7. 성찰적 국정관리의 핵심은 사회의 '智德'을 증장시키는 것

8. 민주주의 정책학의 구현과 성찰사회

참고
문헌

〈국내문헌〉

권기헌. 2011. 「정책분석론」. 서울: 박영사.

_____. 2011. 「행정학원론」. 서울: 학림사.

_____. 2009. 「행정학」. 서울: 박영사.

_____. 2008a. 「정책학」. 서울: 박영사.

_____. 2008b. 「미래예측학」. 서울: 법문사.

_____. 2007a. 「정책학의 논리」. 서울: 박영사.

_____. 2007b. 「전자정부론: 전자정부와 국정관리」. 서울: 박영사.

_____. 2003. 「정보체계론: 정보사회와 국가혁신」. 서울: 나남출판사.

_____. 2003. 「전자정부와 정부혁신」. 커뮤니케이션북스.

_____. 2004. 「정보화 시대의 네트워크 정부모형」. 경희대학교 출판국.

_____. 2004. 「전자정부의 이론과 실제」. 경희대학교 출판국.

_____. 2007a. "정책이론과 거버넌스," 「국정관리연구」. 성균관대학교 국정관리대학원.

_____. 2007b. "정부개혁과 거버넌스," 「국정관리연구」. 성균관대학교 국정관리대학원.

_____. 2008. "전자정부와 거버넌스," 「국정관리연구」. 성균관대학교

국정관리대학원.

권기헌·최병선. 2004. 「공공정책의 품질 향상 방안에 관한 연구」. 행정자치부.

거버넌스 연구회. 2002. 「거버넌스의 정치학」. 법문사.

김광웅. 1996. 「행정과 나라만들기」. 박영사.

김석준 외. 2000. 「뉴거버넌스 연구」. 서울: 대영문화사.

_____. 2001. 「뉴거버넌스와 사이버 거버넌스 연구」. 대영문화사.

염재호. 1994. "국가정책과 신제도주의,"「사회비평」, 11호.

유재원·홍성만. 2004. "정부 속에서 꽃핀 거버넌스: 대포천 수질개선 사례,"「한국정책학회보」, 13(5). 한국정책학회.

이명석. 1999. "합리적 선택론의 신제도주의," 정용덕 외, 「합리적 선택과 신제도주의」. 대영문화사.

장하준. 1996. "제도경제학의 최근 동향,"「경제학연구」, 제44집 제1호.

정용덕 외. 1999. 「신제도주의 연구」. 대영문화사.

_____. 1999. 「합리적 선택과 신제도주의」. 대영문화사.

최창현. 1999. "조직사회학 이론과 신제도주의," 정용덕 외, 「신제도주의 연구」. 대영문화사.

하연섭. 1999. "역사적 신제도주의," 정용덕 외, 「신제도주의 연구」. 대영문화사.

처 번. 1982. "가치인시가 정채하," 성균관대학교 사회과학연구소(편), 「현대사회과학의 이해」. 대왕사, 275-291.

_____. 1985. "정책학 개론 교과 내용에 대한 토론,"「한국정책학보」, 19-2: 83-89.

_____. 1988. "공공정책의 형성과 집행," 성균관대학교 사회과학연구소(편), 「행정학개론」. 대영문화사, 74-101.

_____. 1992. "정책윤리분석의 구조와 기준,"「중앙공무원교육원 연

구논집」, 12:165-187.

_____. 1997. "대통령 선거정책공약의 설계를 위한 개념적 틀과 지
도지침," 「한국정책학회보」, 6권 2호, 11-41.

_____. 1999a. "개혁정책의 탐색과 설계," 성균관대학교 행정대학원
(편), 「21세기 강좌교제」, 1-23.

_____. 1999b. "정책학의 패러다임에 관한 연구: 개념전제에 입각한
해석을 중심으로," 한국정책학회(편), 「정책학의 정체성: 한국
적 정책학과 미래의 정책학」(1999년도 동계학술대회 발표논문
집). 317-327.

_____. 2002. "정책학의 이상과 도전," 「한국정책학회보」, 제11권 제
1호, 293-311.

_____. 2006. "공직자의 삶과 윤리," 정책학이론세미나 강의자료.

〈국외문헌〉

Anderson, Charles W. 1990. *Pragmatic Liberalism.* Chicago: University
of Chicago Press.

_____. 1993. "Recommending a scheme of reason: political theory,
policy science, and democracy," *Policy Science*, 26(3): 215-
227.

Ascher, W. 1987. "The Evolution of Policy Sciences: Understanding the
Rise and Avoiding the fall," *Journal of Policy Analysis and
Management*, 5: 365-373.

Barber, Benjamin. 1984. *Strong Democracy.* Berkeley: University of
California Press.

Brewer, G. & deLeon, P. 1983. *The Foundation of Policy Analysis.*
Homewood, Ill.: The Dorsey Press.

Brunner, R. D. 1991. "The Policy Movement as Policy Problem," *Policy Sciences*, 24: 65-98.

_____. 1996. "A Milestone in the Policy Sciences," *Policy Sciences*, 29(1): 45-68.

Cahill, Anthony G. and E. Sam Overman. 1990. "The Evolution of Rationality in Policy Analysis." In Stuart Nagel(ed.), *Policy Theory and Policy Evaluation: Concept, Knowledge, Causes, and Norms*. New York: Greenwood Press, 11-27.

Castells, Manuel. 1996. *The Rise of Network Society*. Oxford: Blackwell.

Churchman, C. West. 1968. *Challenge to Reason*. New York: McGraw-Hill.

Danziger, M. 1995. "Policy Analysis Postmodernized: Some Political and Pedagogical Ramifications," *Policy Studies Journal*, 23(3): 435-450.

DeLeon, P. 1981. "Policy Sciences: The Discipline and the Profession," *Policy Sciences*, 1(13): 1-7.

_____. 1988. "Advice and Consent: The Development of the Policy Sciences." New York, N.Y.: Russell Sage Foundation, 23(3): 435-450.

_____. 1990. "Participatory Policy Analysis: Prescriptions and Precautions," *Asian Journal of Public Administration*, 12: 29-54.

_____. 1994. "Reinventing the Policy Sciences: three steps back to the Future," *Policy Sciences*, 27: 77-95.

_____. 1997. *Democracy and The Policy Sciences*. Albany, NY: State University of New York Press.

_____. 1998. "Models of Policy Discourse: Insights vs. Predition,"

Policy Studies Journal. BVol. 26, No. 1(Spring).

_____. 1999. "The Stages Approach to the Policy Process: What Has It Done? What Is It Going?" In Sabatier, Paul A.(ed.), *Theories of the Policy Process.* Boulder, Colorado: Westview Press.

Habermas, J. 1971. *Knowledge and Human Interests.* Translated by J. Shapiro. Boston, MA: Beacon Press.

_____. 1979. *Communication and the Evolution of Society.* Translated by J. Shapiro. Boston, MA: Beacon Press.

_____. 1987. *The Philosophical Discourse of Modernity.* Translated by F. Lawrence. Cambridge: MIT Press.

Lasswell, H. D. 1943a. "Memorandom: Personal Policy Objectives (October 1)," *Archived at Sterling Library.* New Haven, CT: Yale University.

_____. 1943b. "Proposal: The Institute of Policy Sciences (October 1)," *Archived at Sterling Library.* New Haven, CT: Yale University.

_____. 1949. *Power and Personality.* New York: Norton.

_____. 1951. "The Policy Orientation." H. D. Lasswell and D. Lerner(eds.), *Policy Sciences.* Stanford, California: Stanford Univ. Press, 3–15.

_____. 1955. "Current Studies of the Decision Process: Automation versus Creativity," *The Western Political Quarterly,* 8: 381–399.

_____. 1965a. *World Politics and Personal Insecurity.* New York: The Free Press.

_____. 1965b. "The World Revolution of Our Time: a Framework for Basic Policy Research." H. D. Lasswell and D. Lerner(eds.), *World Revolutionary Elites: Studies in Coercive Ideological Movements.* Cambridge, MA: The MIT Press, 29–96.

_____. 1970. "The Emerging Conception of the Policy Sciences," *Policy Sciences*, 1: 3−14.

_____. 1971. *A Pre-View of Policy Sciences*. New York, N.Y.: Elsevier.

_____. & Myres S. McDougal. 1992. "Jurisprudence of a Free Society," *Studies in Law, Science and Policy* (Vol. 2). New Haven, CT: New Haven Press.

Putnam, R. 1992. *Making Democracy Work*. Princeton: Princeton University Press.

_____. 1993. "The Prosperous Community: Social Capital and Public Life," *The American Prospect* 13(Spring).

United Nations Development Programme(UNDP). 1997b. *Reconceptualising Governance Discussion Paper 2*. New York, Management Development Governance Division, Bureau for Policy and Programme Support, United Nations Development Programme (UNDP).

1 정의란 고대 도시국가의 틀 속에서 '공정한 법집행'을 지칭하였다. 그러다
  가 관습법의 전통이 강한 유럽에서 양형(量刑)상 형평이라는 의미로 발
  전했다. 이러한 법적 의미로 시작된 정의라는 개념은 그 뒤 19세기 이후
  좌파사상이 퍼져가면서 분배정의, 사회정의라는 의미로 확장되었다(김정
  래, 〈동반성장이란 장밋빛 청사진〉, 문화일보, 2011. 9. 14). 우파적 시각
  에서 보면 요즘 들어 정의, 공정이라는 화두가 회자되면서 무상급식, 무
  상의료, 무상복지 등 보편적 복지 혹은 동반성장이라는 주장이 인기영합
  혹은 장밋빛 청사진으로 비춰져 마뜩치 않을 수도 있겠다. 하지만, 본서
  에서 플라톤이 정의로운 국가라고 지칭할 때의 '정의'는 이러한 법적인
  의미라기보다는 '올바른' '바람직한'이란 뜻의 규범적 의미를 지닌다. 또
  한, 左와 右의 진영적 논리를 넘어 성찰과 배려의 의미를 담고자 하였다.
  최근 들어 한나라당 중도·소장파의 '左클릭'과 일부 진보(좌파) 지식인
  들의 '右클릭' 경향과 함께 최근에 있었던 '안철수 현상'이 주목을 받으면
  서 이제 중요한 것은 좌우의 이념적·진영적 대결보다는 '진정성'이 중요
  하다는 논의가 점차 설득력을 더해가고 있다(김인규, 〈'左클릭' 세상에서
  '右클릭' 희망을 보다〉, 조선일보, 2011. 9. 15). 협력과 경쟁하되, 국민에
  대해 진정성 있게 다가가는 것이 더 큰 지지를 얻게 된다는 것이다. 좌우
  의 형식적 대치(對峙), 진정한 협력과 경쟁이 아닌 상대실수만 기다리는

형태의 평면적 대결은 앞으로도 제2, 제3의 안철수 역풍 앞에서 속수무책일 수밖에 없을 것이다. 더 나아가 좌우의 이념적 대결을 넘어 진정한 성찰과 배려에 기초한 패러다임적 발전이 없다면 현재 구도와 같은 자본주의와 민주주의는 '지속가능'하지 않을는지도 모른다. 이러한 논조가 본서에서 펼치는 주장과 논리의 이념적 배경이다.

2 위르겐 하버마스는 1929년 독일 뒤셀도르프 출생으로 1954년 독일 본대학에서 철학박사 학위를 취득했다. 프랑크푸르트대학 교수 재직 중 1968년 혁명을 맞아 주목을 받았으나, 1971년 학생운동세력과 충돌해 교수직을 일시 사임했다. 헤겔상(74년), 프로이트상(76년), 아도르노상(80년), 카를 야스퍼스상(95년) 등을 수상했으며 60년대 카를 포퍼와의 실증논쟁, 70년대 네오마르크스주의자들과의 국가론논쟁, 80년대 프랑스철학자들과의 포스트모더니즘 논쟁 등 금세기의 주요한 논쟁에 정력적으로 참여해 자신의 주장을 피력해왔다. 저서로는 「이론과 실천」, 「이성적인 사회를 향하여」, 「의사소통의 사회이론」, 「현대성의 새로운 지평」, 「현대성의 철학적 담론」, 「이질성의 포용」 등이 있다.

3 역사적 현실주의와 유토피아적 사고의 접목은 현재 살아가고 있는 시대적 상황과 역사적 의미에 대한 올바른 인식과 고찰을 바탕으로 사회적 이상과 목표를 지향해야 한다는 것을 의미한다. 하버마스는 18세기 말 계몽주의 철학자들이 꿈꾸었던 자유 · 평등 · 박애의 사회적 이상은 계속 추구되어야 한다고 보며, 이를 위해 커뮤니케이션, 언술이론, 담론기능 등을 통해 사회의 연대성 회복을 위한 현실적 통합노력이 필요하다는 것이다. 역사적 현실주의와 유토피아적 사고의 접목이란 이를 의미한다.

4 거버넌스 역량이란 국가역량(state capacity) 혹은 통치역량(governance capacity)이라고도 부를 수 있겠다. 이는 정책역량, 관리역량, 인프라역량을 포함하는 총체적 개념이다. 사실 거버넌스의 어원을 따지고 들면 서구

정치철학의 역사와 함께하는 용어라고도 볼 수 있다. 탈산업사회, 탈근대적 변화가 시작되면서 수직적 통치(Governing)에 대칭되는 수평적 협치(Governance)개념으로서의 거버넌스가 등장하기 이전에도, 서구에서는 민주주의 철학에 기초한 통치의 개념을 거버넌스라고 불렀으며, 이런 의미에서 전통적 거버넌스는 국가의 통치철학을 의미하는 광의의 개념이다. 이러한 광범위한 개념으로서 거버넌스를 지칭한다면 거버넌스는 절차적 가치이자 문제해결 방식이라기보다는 인간의 존엄성이라고 하는 정책학의 목적구조를 모두 아우르는 큰 개념이라고도 볼 수 있다. 최근의 뉴거버넌스는 참여와 네트워크, 조정과 연결에 기초한 신뢰와 협동 혹은 성찰을 강조하고 있다. 즉, Kooiman(1993)은 '조정'(coordination)과 '연계'(net-working)를 중심으로 하는 자치 거버넌스(self governance), 혹은 Rhodes(1996)는 '자기조직적 네트워크'(self organizing network)를 중심으로 하는 네트워크 거버넌스(network governance)를 강조하고 있다.

5 이렇게 보면 정의로운 국가는 지덕체를 갖춘 공동체를 필요로 하고 있고, 성찰성 이념 혹은 기준은 이러한 의미의 성찰적 공동체를 만드는 데 필요한 이념적 준거가 됨을 알 수 있겠다. 성찰성에 대한 개념 및 기준은 졸저, 「정책학: 현대정책이론의 창조적 탐색」, 서울: 박영사(2008: 245-250)를 참조바람.

6 인류 역사관(歷史觀)에 기초한 문명의 흐름, 자연과학·사회과학·인문학에 기초한 문명 패러다임의 전환, 그리고 큰 흐름에 기초한 사회학·행정학·정책학적 방향성을 고찰할 때 우리는 정의로운 공동체를 실현하기 위해 필요한 '성찰성' 이념이 단순히 하나의 수사(修辭)적 언어에 그치는 개념이 아니라 하나의 역사관과 문명사적 흐름에 기초한 깊은 철학적 개념임을 알 수 있게 된다.

7 인류역사를 바라보는 관점, 즉 사관(史觀)에 대해서는 다양한 견해가 존재

한다. 유물사관에서는 물적 토대가 역사변동의 중심동인으로 작용했다고 보는 반면, 유심사관에서는 인간의 정신이 역사변동의 중심동인으로 작용했다고 본다. 아놀드 토인비와 같은 역사가는 인류역사를 인간의 도전과 응전의 역사로 서술하였고, 우리나라의 김준엽 박사는 '역사의 신(神)'이 존재하여 역사변동의 중심추가 된다고 보았다. 그런가 하면, 단재 신채호 선생은 민족의 혼이 역사에 내재하고 있다고 보았으며, 헤겔과 같은 학자는 정반합의 변증법적 전개가 이루어진다고 보았다. "인류 역사는 '생각' 진보의 역사이다"라고 하는 본문의 명제는 역사의 변동을 도구나 기술과 같은 물적 토대에 두기보다는 인간의 정신을 강조하는 사관의 관점을 따른 것이라고 볼 수 있다.

8 불교이론에서 일체유심조(一切唯心造)라고 할 때 그것은 화엄의 도리이며, 그것은 문자 그대로 우주법계는 만상만물이 모두 마음(心)에너지의 산물이라는 의미이다. 많이 알려진 것처럼 "모든 것은 마음먹기 나름"이라는 해석은 축소된 해석이다.

9 화엄의 도리로서 마음(心)을 우주의 본질로 해석한다면, 이때의 마음(心)이란 마음에너지의 장으로서의 불(佛)을 의미하며, 그 안에는 창조의 본질인 미립에너지의 끊임없는 상호작용이 확인된다. 이때의 극미립에너지는 신적 창조의 질료로서 신성(神性) 혹은 불성(佛性)이다. 이는 이른바 "불에 넣어도 타지 않고 물에 넣어도 젖지 않으며 칼로 베어도 베어지지 않으며" "원자폭탄과 수소폭탄 그 어떤 핵재앙도 이를 해칠 수 없으니" "태어나지도 않았고, 태어나지 않았으니 죽음을 모르며" "늘어나지도 줄어들지도" "깨끗하지도 더럽지도 않고 그것을 초월한" 실체 아닌 실체(諸法無我)를 의미한다. 제법무아(諸法無我)이며 제행무상(諸行無常)의 도리이다. 또한 반야심경에서 말하는 불생불멸(不生不滅) 불구부정(不垢不淨) 부증부감(不增不減)의 도리이다.

우리의 영혼이 렙톤에너지로 이루어졌다고 할 때, 렙톤에너지는 이처럼 "태어나지도 않았고 죽지도 않는다." 육체의 죽음에 직면하여 렙톤에 너지의 심체는 곧바로 육체를 빠져나가 자신의 실체(entity)를 형성한다.

우리가 진공묘유(眞空妙有)라고 할 때 진공이 묘유이고 묘유가 진공인 데, 진공은 참된 공성으로서의 프루샤(Prusa)를 의미하며, 묘유는 나타난 최초의 질료로서의 프라크리티(Prakriti)를 의미한다. 공성에서 묘유가 나타나고, 묘유는 다시 공성을 바탕으로 돌아가니, 진공 없이는 묘유가 없고 묘유가 없이는 진공도 없다. 이것이 우주 창조의 도리이다.

10 보어의 모형은 1913년에 제시되었다. 수소원자의 불연속적인 스펙트럼을 관찰하고 그것을 토대로 만든 모형으로, 전자는 일정한 궤도에서 원운동을 하며, 전자가 궤도를 옮길 때에는 에너지의 출입이 뒤따른다고 보았다. 보어의 모형은 이전의 모형들과는 달리 양자이론을 바탕으로 하였으며, 현대적 원자 모형에 많은 영향을 끼쳤다. 현대적 모형은 슈뢰딩거와 같은 학자들이 양자역학을 토대로 하여 제시한 모형으로 특정 전자의 위치와 운동을 정확하게 기술하는 것은 불가능하며, 어느 공간에서 전자가 발견될 확률을 알 수 있을 뿐이라는 점을 분명히 제시하고 있다.

11 이 장에서의 내용은 필자의 졸저, 「정보체계론: 정보사회와 국가혁신」 (2004, 나남), 210-216쪽의 내용을 토대로 일부 수정된 것임을 밝힌다.

12 울리히 벡은 1944년 독일 포메른 주의 슈톨프에서 태어나 프라이부르크 대학교와 뮌헨 대학교에서 법학, 사회학, 철학, 정치학 등을 수학했다. 1972년 뮌헨 대학교에서 사회학 박사학위를 받았으며, 뮌스터 대학교와 밤베르크 대학교 교수, 독일 바이에른 및 작센 자유주 미래위원회 위원을 역임했다. 현재 뮌헨 대학교 사회학 연구소 소장, 런던경제학교 교수로 재직 중이다. 주요 저서로 「위험사회」, 「성찰적 근대화」, 「아름답고 새로운 노동 세계」, 「적이 사라진 민주주의」 등이 있다.

13 앤서니 기든스는 1938년 런던에서 태어나, 헐대학(사회학과·심리학 학

사), 런던정치경제대학(석사), 켐브리지대학(박사) 등에서 공부했다. 1970년에 켐브리지대학에서 사회학 강의를 맡으면서부터 본격적인 활동을 시작했으며, 1997년부터 런던 정치경제대학(LSE) 총장 겸 교수로 일하고 있다. 주요 저서로는 「사회 이론의 주요 쟁점」, 「자본주의와 현대사회 이론」, 「민족국가와 폭력」, 「포스트 모더니티 — 모더니티의 결과들」, 「현대성과 자아정체성」, 「좌파와 우파를 넘어서」, 「성찰적 근대화」, 「제3의 길」 등이 있다.

14 전통의 독단적 지배, 독단적 권력, 물질적 결핍의 속박으로부터의 자유를 의미하는 해방의 정치를 지칭한다. 과거에는 자연과 전통에 의해 결정되었으나 이제는 개인적·주체적 인간인 우리의 결정에 달려 있는 세계에서 우리가 어떻게 살아야 할 것인가에 대한 논쟁과 투쟁에 관심을 가지는 '삶의 스타일'의 정치이다.

15 발생적 정치는 개인과 집단에게 어떤 일들이 일어나게 하는 것이 아니라, 사회의 전반적 관심과 목표라는 맥락에서 개인과 집단이 무슨 일인가를 발생시키도록 하는 정치이다. 그것은 광범한 사회질서 속에서 개인과 집단이 취할 삶의 정치적 의사결정에 대해 물질적 조건, 조직적 틀을 제공해 주는 역할을 한다.

16 대화민주주의는 민주주의를 민주화하는 과정의 한 부분을 말하는데, 민주주의는 원칙적으로 기존의 독단적 권력이 아니라 토론과 의견 교환을 통해 능동적 신뢰가 형성되고, 이를 바탕으로 논쟁이 되는 문제를 해결하거나 해결까지는 아니더라도 최소한 그러한 문제들을 다룰 수 있는 공공영역을 창출하는 방식이어야 한다는 것이다.

17 위르겐 하버마스는 1929년 독일 뒤셀도르프 출생으로 1954년 독일 본대학에서 철학박사 학위를 취득했다. 프랑크푸르트대학 교수 재직 중 1968년 혁명을 맞아 주목을 받았으나, 1971년 학생운동세력과 충돌해

교수직을 일시 사임했다. 헤겔상(74년), 프로이트상(76년), 아도르노상(80년), 카를 야스퍼스상(95년) 등을 수상했으며 60년대 카를 포퍼와의 실증논쟁, 70년대 네오마르크스주의자들과의 국가론논쟁, 80년대 프랑스철학자들과의 포스트모더니즘 논쟁 등 금세기의 주요한 논쟁에 정력적으로 참여해 자신의 주장을 피력해왔다. 저서로는 「이론과 실천」, 「이성적인 사회를 향하여」, 「의사소통의 사회이론」, 「현대성의 새로운 지평」, 「현대성의 철학적 담론」, 「이질성의 포용」 등이 있다.

18 UNDP는 UN의 해외개발원조를 조정하기 위한 하위 기구로서, United Nations Development Programme의 약자이다.

19 최인호, 「유림」, 제6권(열림원, 2010), 117-118쪽에서 인용.

20 최인호, 「유림」, 제6권(열림원, 2010), 119-120쪽에서 인용.

21 여기에 대해서는 문상호·권기헌, "한국 정책학의 이상과 도전: 한국적 맥락의 정책수용성 연구를 위한 성찰적 정책모형의 유용성에 관한 고찰," 「한국정책학회보」, 제18권 1호, 2009 참조바람.

또한 성찰성 이념을 정책분석 기준으로 적용하여 다양한 정책사례를 분석한 것에 대해서는 졸저, 「정책분석론」, 서울: 박영사(2010), 196-204쪽의 서울시 뉴타운정책; 374-489쪽의 4대강사업 등 13개 정책사례에 대한 분석을 참조하기 바란다. 또한, 졸저, 「정책학: 현대 정책이론의 창조적 탐색」, 서울: 박영사(2008)의 271-290쪽의 공공기관 지방이전 정책분석을 참조하기 바란다. 여기에서는 4대강사업(한반도 대운하), 기업형 슈퍼마켓, 서울시 뉴타운사업, 공기업 지방이전정책, 시화호, 부안 핵방폐장, 삼성자동차, 하이닉스 반도체 빅딜, 의약분업, 한양약분쟁, 국민연금, 화물연대파업, 전교조와 NEIS, 디지털지상파TV, 주택발코니 구조변경 등 다양한 사례에 대해 효율성, 민주성, 성찰성이라는 정책기준을 토대로 분석을 하고 있다.

22 성찰성에 대한 개념 및 기준은 졸저, 「정책학: 현대정책이론의 창조적 탐색」, 서울: 박영사(2008 : 245-250)를 참조바람.

23 H. D. Lasswell이 제시한 정책학의 논리는 적어도 광우병에 걸릴 위험에 기초한 죽음에 대한 경제적 비용과 FTA가 타결됨으로써 발생되는 국부의 증가를 경제적 효용으로 보고 양자 간을 단순 비교하는 '효율성' 분석 차원으로 정책결정의 기준이 협소해지는 것에 반대하는 것이며, 보다 적극적으로 국민의 마음과 '소통'하고 소외된 집단을 '배려'하는 '성찰성' 차원의 정책결정을 통한 인간의 존엄성 실현을 주문하는 것이다.

24 문상호·권기헌, "한국 정책학의 이상과 도전: 한국적 맥락의 정책수용성 연구를 위한 성찰적 정책모형의 유용성에 관한 고찰," 「한국정책학회보」, 제18권 1호, 2009.

25 조선일보, 2011. 4. 16, C5면.

26 조선일보, 2011. 4. 16, C5면.

27 조선일보, 2011. 8. 8, "이젠 '자본주의 4.0'이다," A5면.

28 Anatole Kaletsky, 「Capitalism 4.0: The Birth of a New Economy in the Aftermath of Crisis」, Perseus Books Group, 2010; 조선일보, 2011. 8. 8, "이젠 '자본주의 4.0'이다," A1면; 서상목 시론, "한국자본주의 4.0의 실천전략"(조선일보, 2011. 8. 4, A35면).

29 동아일보, 2011. 4. 9, A6면.

30 좌뇌와 우뇌의 합일은 양과 음의 합일이요 남성성과 여성성의 합일이다. 양전자와 음전자가 만나면 전구에 빛(light)이 들어오듯이, 인간도 남성에너지와 여성에너지가 합일되면 빛의 몸(light body, 光子體)이 가능하게 된다. 불교수행에서는 이를 청정심(좌뇌)과 보리심(우뇌)이라고 불렀으며, 이를 합쳐서 마음(心)이라고 칭했다. 지계(持戒)와 정진(精進)

을 통한 기초강화를 통해, 보시(布施)와 인욕(忍辱)의 보리심을 기르고, 선정(禪定)과 지혜(智慧)의 청정심을 갖추어 나가는 수행이 육바라밀 수행이다.

현재의 인류는 3차원적 존재이다. 좌뇌와 우뇌의 합일은 아직 보편적으로 일어나지 못한 상태이지만, 향후 어떤 계기를 통해 좌뇌와 우뇌의 활성화 및 합일이 일어나게 된다면 인류는 또 다른 차원의 인류로 진화가 가능하게 될 것이다. 여기서 어떤 계기란 자신의 노력에 의한 수행 혹은 외부 에너지의 충격에 의한 변화 등을 포함하는 의미이다.

자신의 노력에 의한 수행으로서 불교수행을 살펴보자. 불교수행은 몸을 관(觀)하는 수행, 마음을 관(觀)하는 수행, 호흡을 관(觀)하는 수행이 있는데, 이 모든 것을 통틀어 본체(본성)를 관(觀)하는 수행을 최상승 선(禪)이라고 한다. 예컨대, 몸, 마음, 호흡을 관하는 수행을 염불, 주력, 기도, 위빠사나라고 부른다면, 본성 그 자체를 관하면서 화두를 참구하는 수행을 참선이라고 한다.

남자든 여자든 우리 몸 안에는 남성호르몬과 여성호르몬이 함께 존재한다. 불교수행이든 가톨릭에서 말하는 영성수행이든 지극히 수행하고 호흡이 깊어지면 본성이 드러나게 된다. 이 과정에서 남성에너지(남성호르몬, 테스토스테론; 남성의 경우 고환, 여성의 경우 부신에서 분비)와 여성에너지(여성호르몬, 에스트로겐; 남성의 경우 부신, 여성의 경우 난소에서 분비)의 축적, 합일, 강화를 통한 상승작용이 일어날 수 있는데, 이를 도교수행에서는 정(精), 기(氣), 신(神)의 합일이라고 불렀다. 정(精)은 하단전(복부/미려관에 위치), 기(氣)는 상단전(머리/옥침관에 위치), 신(神)은 중단전(가슴/녹로관에 위치)에 위치한다. 남성성과 여성성이 강화되고 합일되고 축적되는 것을 정(精)의 강화, 합일, 축적이라고 하며, 정(精)이 충분히 강화, 합일, 축적되면 상승작용이 발생하여, 상단전과 중단전으로 타고 흐르게 된다. 이러한 과정을 총칭하여 연정화기(煉精化氣), 연기화신(煉氣化神), 연신화허(煉神化虛), 연허합도(煉虛合道)라고 부른다.

31 이나모리 가즈오 지음, 《카르마 경영》, 김형철 옮김, 도서출판 서돌, 2005, 94쪽.

32 노자, 《도덕경》, 정창영 옮김, 시공사, 2001, 50, 140쪽.

33 이처럼 노자의 《도덕경》은 도와 덕을 빌어 우주의 원리를 설명하는 형식을 취하고 있지만 그 근본 대의는 소멸되지 않는 생명 에너지의 본질을 제시하는 데 있으며, 도와 덕을 닦아 어떻게 하면 그 영원한 생명 에너지에 도달할 수 있을까에 관한 것이다. 따라서 지혜의 빛으로 세상을 파악하라는 것이다. 그런 다음에는 안으로 눈을 돌려 내적인 깨달음이 빛으로 돌아오라는 것이다. 그러면 생명력이 고갈되는 일이 없을 것이며, 이를 일러 영원한 도를 지키고 따르는 것이라고 말한다(노자, 《도덕경》, 정창영 옮김, 시공사, 2001, 144-145쪽).

바가바드 기타의 가르침은 여기에서 한발 더 나아간다. 즉, 지혜로운 사람은 참자아를 깨닫는 것을 유일한 목표로 삼는다. 그들은 눈을 감고 숨을 고르게 깊이하며 양미간(兩眉間) 사이에 있는 영적인 의식 센터에 집중하는 명상을 통해 감각과 마음과 지성의 활동을 제어한다. 그렇게 함으로써 이기적인 욕망과 두려움과 분노에서 벗어나 참된 자유에 이른다. 이것이 해탈이다.

생각과 감각기관의 활동을 제시하면서 마음을 한곳에 집중하는 명상을 하라. 그러면 그대 자신이 정화될 것이다. 먹는 것과 자는 것을 알맞게 하고 적당히 일하고 적당히 쉬면서 수행을 계속하라. 명상이 깊어지면 마음이 고요해지고, 마음이 고요해지면 참자아는 스스로 모습을 드러낸다. 이렇게 명상을 통해 감각기관과 마음의 활동을 지속적으로 제어하는 구도자는 내면의 참자아인 나와 합일되어 완전한 평화 속에 거하게 된다(《바가바드 기타》, 정창영 옮김, 시공사, 2001, 83, 92-93쪽).

34 정기신(精氣神)을 축적하고 상승시키기 위해서는 매일 운동, 호흡, 진동을 게을리 하지 말아야 한다. 반복명상과 지구력 운동이 매우 중요하다. 이때 에너지 변형과정에서의 주인공은 몸이다. 높은 진동주파수의 빛이 들어오면서 더욱 더 빛의 몸을 향한 과정은 빨라진다. 신경조직, 경락조직, 경혈조직은 장차 빛의 몸(Light Body)의 뼈대 및 거푸집이라 할 수 있다. 육체를 구성하는 뼈, 세포, 근육, 지방 등은 몸이 받아들일 수 있는 빛의 조건에 맞춰 서서히 변형되는데, 고(高)주파수의 파동에 의해 쉴 새 없이 자극받으면서 변형이 이루어진다.

35 이나모리 가즈오, 전게서, 138-140쪽.

36 이나모리 가즈오, 전게서, 138-143쪽.

37 '성찰적 정책학'(policy science of reflexivity)은 '민주주의 정책학'(policy science of democracy)을 토대로 하는 것이지 대칭되는 개념이 아니라는 점은 주의를 요한다. 즉, 민주주의 정책학을 토대로 성찰적 정책학이 구현될 수 있겠다. 다만, 민주주의 정책학이 탄생한 미국의 제도적 토양을 보면 다원주의적 민주사회가 바탕이 되었다. 그들은 오랜 다원주의적 민주주의 전통 속에서 법과 규칙에 의한 지배, 제도로서의 참여와 숙의, 다원주의적 이익을 반영하는 제도 등이 오랫동안 강조되어 왔었다. 인간의 존엄성이라는 가치는 인류보편의 가치이지만 이것을 실현하는 수단적 기제에 있어서 그동안 미국에서 제창된 '민주주의 정책학'은 참여 정책분석, 공청회와 같은 '제도'로서의 참여 등 절차적 가치를 강조한 측면이 있었다. 제도가 마음까지 보장해 주지는 못하고, 우리나라 정책토양은 이러한 서구적 민주주의 문화(맥락)와 다소 다를 수 있어 향후 민주주의 정책학에 대한 보완적 기제로서 성찰적 공동체, 혹은 성찰적 가치의 제도적 접목에 대한 보다 사려 깊은 연구가 필요해 보인다. 또한

앞으로 우리나라 정책환경과 맥락 하에서 성찰적 거버넌스의 성공적 정착조건에 대한 연구, 예컨대, 단순한 제도를 넘어선 마음과 심리적 수용을 위한 전제적 조건에 대한 연구 혹은 상대방을 배려하고 소통하는 제도형성과 문화인자에 대한 연구 등 실로 다양한 검토와 실증적 연구가 뒤따를 필요가 있을 것으로 사료된다.

38 이 장에서의 논의는 기본적으로 필자의 졸저, 「행정학」(박영사, 2009), 610-619의 내용을 토대로 재정리한 것임을 밝힌다.

39 문화일보, 2011. 4. 8, 1면 보도.

40 이는 비유를 하자면 불교의 중도사상과도 맥이 통하는 개념이다. 불교의 중도사상은 좌와 우의 단순한 이분법적 산술평균의 중간을 의미하는 것이 아니다. 좌와 우의 양변을 여위면서 동시에 이 둘이 융합되는, 말하자면 입체적인 개념으로서의 중도사상이다. 이는 보수와 진보의 이분법적인 양변을 초월하여(양변에 집착하여 묶이지 말고), 변증법적으로, 그리고 결론적으로 인간의 존엄성(Human Dignity) 혹은 진정한 휴머니즘(Humanism)을 실현하라는 정언(定言)으로서의 외침을 의미한다.

41 효율성, 민주성, 성찰성, 그리고 이에 토대를 둔 효율적 국정관리, 민주적 국정관리, 성찰적 국정관리에 대한 논거는 사회과학이념 혹은 현대행정이념이 3차원적으로 구성되어 있다는 필자의 관점에 기초하고 있다. 앞에서도 간략히 언급되었듯이, 사회과학이념의 3차원적 구성에 대한 논거로는 Lasswell이 제시한 정책학의 목적구조(Lasswell, 1951, 1971, 1970: 8-15; Y. Dror, 1970)와 A. Maslow(1954)의 욕구단계이론을 들 수 있다. 좀 더 상세한 논의에 대해서는 필자의 졸저, 「정책학의 논리」(박영사, 2007: 7-13)를 참조바람. 또한, H. Arendt의 공화주의, J. Habermas의 담론이론, Thorson(1998) 등의 논거를 토대로, 필자는 전자정부의 이념도 세 차원으로 구성되어 있다는 논의를 제시한 바 있는데,

이 논의에 대해서는 필자의 졸저, 「전자정부론」(박영사, 2007: 26-37)을 참조바람.

42 핵심역량을 나타내는 이 부문에 대한 설명은 주의를 요한다. 효율적 국정관리도 관리역량뿐만 아니라 정책역량과 인프라역량을 필요로 하며, 민주적 국정관리도 관리역량·정책역량뿐만 아니라 인프라역량을 필요로 하기 때문이다. 다만, 여기에서 효율적 국정관리는 1차적으로 정부내부의 효율성을 의미하는 것으로 정의하였기에 관리역량을 우선적으로 필요로 하며, 민주적 국정관리는 정부내부-정부외부의 인터페이스 확대의 관점에서 관리역량 이외에도 정책적 참여성과 대응성을 요구하고 있기에 정책역량을 추가적으로 표시한 것이다. 여기에 더하여 성찰적 국정관리는 기술과 신뢰를 토대로 하는 사회적 자본을 더 요구하고 있기에 관리역량·정책역량 이외에도 인프라역량을 추가적으로 더 표시한 것이다. 따라서 여기에서의 분류는 1차적인 특징을 중심으로 분류된 것으로 이해되어야 한다는 점을 밝혀두고자 한다.

43 거버넌스는 신뢰(trust)와 책임성(accountability)을 강조한다는 측면에서 단순히 민주성을 넘어 성찰성의 의미도 많이 지니고 있다. 특히 공동체 차원의 신뢰와 협력, 사회적 자본 등이 강조되고 있다는 점에서도 그렇다. 다만, 거버넌스의 경우 수직적 통치를 벗어나 수평적 협치를 강조하고, 정책행위자들의 참여, 숙의, 합의를 통해 네트워크적 문제해결을 강조한다는 의미에서 여기서는 민주성으로 분류하였다는 점을 밝힌다.

44 전자정부 역시, 이 책에서도 논의하듯이, 1) 효율성, 2) 민주성, 3) 성찰성 차원의 개념을 지니고 있어 성찰성 차원과 함께, 민주성과 효율성 차원도 동시에 지니고 있다. 즉, 전자정부는 One-Stop, Non-Stop, Any-Stop Government(국민의 편의가 극대화되는 정부), Paperless Government(문서감축이 일어나는 종이없는 사무실), Clean & Transparent Government

(부정부패가 없는 깨끗하고 투명한 정부), Digital Nervous Government (지식관리가 활성화되는 디지털 신경망 정부) 등의 정부내부의 효율성 차원의 개념과 정책참여 및 e-Democracy가 이루어지는 민주성 차원의 개념, 그리고 더 나아가 사회공동체의 커뮤니케이션 활성화 및 담론 형성을 통해 신뢰받고 성숙한 공동체를 구현하는 성찰성 차원의 개념을 모두 아우르고 있어 어느 한 유형에 담기에는 어려움이 있으나, 여기에서 전자정부의 성찰성 차원을 가장 강조하는 의미에서 성찰성으로 분류된 것이다. 또한, 전자정부는 전통적 행정학의 관료모형에 대체하는 새로운 형태의 정책결정메커니즘(Post-Bureaucratic Model)을 의미하는데, 여기에서는 특히 전자정부의 담론기능과 하버마스가 강조한 공공영역의 장이 크게 활용될 수 있는 정책기제라는 점에서 성찰성으로 유형화하였다.

45 효율적 국정관리는 정부내부의 비능률 타파를 일차적 목표로 한다. 한국 행정학의 정부내부의 비능률성으로는 ① 서면주의(red-tape), ② 수단(means)과 목표(end)의 도치현상(replacement), ③ 무사안일주의(idleness), ④ 귀속주의(ascription), ⑤ 할거주의(sectionalism), ⑥ 상관의 권위(authority)에만 의존하는 행태, ⑦ 전문화로 인한 무능(trained incapacity), ⑧ 변화에 대한 저항(resistance to change) 등을 들 수 있겠다. 즉, 효율적 국정관리는 이러한 정부 관료제 내부의 문제점과 비능률을 타파함으로써 정부내부 관리의 효과성과 능률성 제고를 목표로 한다고 할 수 있다.

46 효율적 국정관리, 민주적 국정관리, 성찰적 국정관리의 이념형(ideal type)에 대한 연역적 논의는 향후 경험적 연구(empirical study)를 통해 보완할 필요가 있을 것이다. 예컨대, 세 유형의 국정관리에 대한 하위요소들을 지표화한 뒤, 미국, 유럽, 동아시아의 국정관리(총론 및 분야)가 세 유형 중 어떤 형태로 나타나는지, 그리고 이러한 현실유형들이 향후

우리나라의 미래지향적 국정관리를 모색함에 있어 어떠한 이론적·정책적 함의를 제공하는지를 검토해 볼 필요가 있을 것이다. 현실유형에 있어서는 효율, 민주, 성찰의 세 지표가 모두 높게 나타나는 유형이 있는 반면, 세 지표가 혼조세를 보이는 혼합형태의 유형들이 나타날 가능성도 많을 것으로 예상된다.

47 물론 이러한 새로운 제도들이 엄격하게 단순한 효율성-민주성의 이분법으로 구획될 수 있는 것은 아닐 것이다. 혁신관리와 지식관리의 국가혁신이론은 민주성을 위해 필요불가결한 조직관리의 토대가 되며, 거버넌스는 새로운 효율성을 추구하기 위한 접근이기도 하다. 미래예측 역시도 분석과 예측을 통해 미래정부의 효율성을 강화시켜주는 도구이지만, 미래예측의 과정에서 강조되는 다양한 전문가와 이해관계자들의 참여 및 토의에 바탕을 둔 참여형 접근과 전략적 기획은 미래정부의 민주성과 성찰성을 강화시켜주기도 한다.

48 혹은 반대로 정책영역의 성격에 따라서 인간존엄성과 성찰성의 가치가 더욱 강조되는 분야가 있을 수 있다. 예컨대, 환경, 노동, 복지와 같은 사회분야가 성격상 더욱 그러한데, 이들은 바로 인간의 존엄성 문제와 직결되기 때문이다. 환경과 생명권은 그 자체가 인간 생존의 근원이 되는 문제이며, 노인복지, 사회복지, 보건의료 분야 역시 인간의 본질적인 문제와 직결되는 문제이다. 노동과 고용의 문제 역시 안전과 보건이라는 관점에서 인간의 존엄성에 대한 고려가 필수적인 분야이다. 인간의 존엄성 실현과 성찰성 고려가 필수적인 정책사례들에 대해서는 졸저, 「정책분석론」, 서울: 박영사(2010), 74-75쪽에서 제시된 복지정책사례와 171쪽에 제시된 다문화정책사례를 참조 바란다. 또한 졸저, 「정책학: 현대정책이론의 창조적 탐색」, 서울: 박영사(2008), 246-247쪽에 제시된 국민기초생활보장법 사례를 참조 바란다.

49 이 논문에서는 한국 정책학의 정체성이라는 관점에서 성찰성의 개념을 정책분석모형으로 검토하고 있다. 성찰적 정책모형의 필요조건을 논구하면서 2008년 봄 한국적 정책현실에서 발생한 쇠고기 파동과 촛불집회 사례에 대한 성찰성 분석을 시도하고 있다. 이러한 분석을 통하여 필자들은 미국산 쇠고기 수입재개 정책에 국민이 촛불집회와 정책 수용거부로 맞선 것은 국민의 '건강권'을 돌보지 않은 정책결정자의 '비성찰성'에 대한 질타의 표현이었고, 이처럼 '소통'과 '배려'가 실종된 정책을 결정한 정부의 '마음'에 대한 불신임적 성격이 내포된 것임을 발견한 바 있다. 문상호·권기헌, "한국 정책학의 이상과 도전: 한국적 맥락의 정책수용성 연구를 위한 성찰적 정책모형의 유용성에 관한 고찰," 「한국정책학회보」, 제18권 1호, 2009.

50 권기헌, 최병선, 2004: 16-18.

51 한국행정학 50년: 1956-2006, 403-432쪽.

52 문상호·권기헌, "한국정책학의 이상과 도전" 한국정책학회보 제18권 제1호(2009), 9-11, 15-16쪽.

53 중앙일보, 김영희 칼럼, 2011, 10. 14.

54 덧붙이는 장, 부록에서 제시된 성찰성 개념은 필자의 졸저, 「행정학」(박영사, 2009), 610-619; 「정책학」(박영사, 2008), 245-250 등의 내용을 토대로 발전시킨 것이다

55 매일경제, 2005. 11. 1.

찾아
보기

개인의 자아완성　109

개인적 공정　92

거버넌스　60

격물치지　71

공자　118, 120

공개적 토론　58

공공 영역의 장　57

공동선　90

공리주의　88

공리주의적 경제모형　153

공유재의 비극　97

공정성　92

공평성　92

공화주의　57

관리역량　141

광우병 쇠고기 파동 사례　79

구하는 마음　73

국가론　26

국가의 완성　35

기회균등의 원리　87

깨어있는 국가, 성찰하는 사회
　69

뉴 프런티어정신　198

노자　111, 113, 120

대화적 민주주의　55

데이비드 호킨스　172

도덕적 해이　17

라스웰　32, 150, 151

로즈　61

마이클 샌델　89
매슬로　27
무임승차　97
무지의 베일　87
문명의 패러다임　43
미래의 바람직한 정부상　141
미래지향적 국정관리모형　145
미완의 기획　30
민주성　34, 133
민주적 국정관리　137, 143
민주주의　155
민주주의 정책학　33

발생적 정치　55
보건의료미래위원회　103
비추는 마음　74
비판적 사회이론　30

사회공동체의 덕　19
사회적 구성　153
사회적 자본　168
산업사회　53
삶의 정치　55
생각 진보의 역사　40
생산성　33

성찰　35, 47
성찰성　34, 48, 75, 135
성찰성 중심의 국정운영　47
성찰적 거버넌스 모형　60
성찰적 국정관리　137, 143
성찰적 근대성　53
성찰적 근대화　54
성찰적 민주주의　125, 155
성찰적 정책모형　36
소실점　29
송제공　71
숙의 민주주의　58
숙의민주주의 정책모형　153
시민적 공화주의　91
시민주의 공동체 모형　97
신뢰　168
신뢰받고 성숙한 공동체 실현
　123
신우파의 공동체 모형　97
신좌파적 시민주의 공동체 모형
　97
실천적 이성　152

아리스토텔레스　112
양극화 현상　18
양명학　72
연성권력　20

열린 공동체   68
욕구 5단계 이론   27
욕망   27
용기   26
우주의 본질   43
울리히 벡   53
위험사회   53
육구연   72
의의 제2원리   86
이성   26
이理   71
인간의 존엄성   68, 152
인간의 존엄성 실현   33
인위적 불확실성   55
인프라역량   141

자본주의 4.0   94
자유주의적 정치모형   153
적극적 복지   55
절차적 민주주의   155
정약용   121
정의   91
정의로운 국가   26
정의의 제1원리   86
정책역량   141
정책지향성   32
제한적 공정   92

존 롤스   86
주자   73
지덕智德   176
지덕체   18
지평의 전이   198
질주하는 세계   55
집단 간 공정   92

차등의 원리   87
찰스 앤더슨   152
참여정책분석   59

칼레츠키   94

톨스토이   76
퇴계 이황   71

포괄적 공정   92
플라톤   26, 35, 123

하버마스   30, 35, 55, 58
한국자본주의   94
한나 아렌트   57
협력적 거버넌스   78
효율적 국정관리   137, 143
효율성   133

deLeon2007   153

Ingram   153

J. Nye   168

R. Putnam   168

Schneider   153

UNDP   60, 62

저자약력

한국외국어대 행정학과 졸업(행정학 학사)
서울대 행정대학원 졸업(행정학 석사)
미국 하버드대 졸업(정책학 석사, 박사)
제26회 행정고시 합격
상공부 미주통상과 근무
세계 NGO 서울대회 기획위원
미국 시라큐스 맥스웰 대학원 초빙교수
중앙공무원교육원 정책학교수
행정자치부 정책평가위원
행정고시 및 외무고시 출제위원 역임
한국정책학회 편집위원장 역임
현재 성균관대학교 행정학과 교수 및 국정관리대학원장

수 상

국무총리상 수상(제26회 행정고시 연수원 수석)
미국정책학회(APPAM)선정 박사학위 최우수논문 선정
한국행정학회 학술상(최우수논문상) 수상
미국 국무성 풀브라이트 학자(Fulbright Scholarship) 선정
대한민국 학술원 우수학술도서 선정(정보체계론, 나남)
대한민국 학술원 우수학술도서 선정(정책학의 논리, 박영사)
문화체육관광부 우수학술도서 선정(정책학, 박영사)

주요 저서

《정책학》《행정학》《정책학의 논리》《정책분석론》
《미래예측학: 미래예측과 정책연구》《전자정부론: 전자정부와 국정관리》
《정보체계론: 정보사회와 국가혁신》《정보사회의 논리》
《전자정부와 행정개혁》《과학기술과 정책분석》《정보정책론》
《창조적 지식국가론》《시민이 열어가는 지식정보사회》
《정보의 신화, 개혁의 논리》《디지털 관료 키우기》등

개정판
정의로운 국가란 무엇인가 — 민주주의 정책학과 성찰적 국정관리

2012년 8월 20일	초판발행
2012년 8월 25일	개정판인쇄
2012년 8월 30일	개정판발행
2023년 1월 30일	중판발행

저 자 권 기 헌
발행인 안 종 만 · 안 상 준

발행처 (주) **박영사**
　　　서울특별시 금천구 가산디지털2로 53, 210호
　　　(가산동, 한라시그마밸리)
　　　전화 (733)6771 FAX (736)4818
　　　등록 1959. 3. 11. 제300-1959-1호(倫)

www.pybook.co.kr　e-mail: pys@pybook.co.kr

저자와
협의하에
인지를
생략함

정 가 16,000원　　　　　　　ISBN 978-89-6454-295-8